PROJECT 4.1

pour Windows 95

ATouT pour

ISBN : 2-84072-438-3

Éditions ENI

Place Catinat - BP 72102
44021 NANTES Cedex 1

Tél. 02.40.69.57.73
Fax 02.40.69.56.27
editions@eni.worldnet.fr

Collection ATout pour dirigée par Corinne HERVO
Édition réalisée par Catherine GUÉROIS

Cet ouvrage est destiné à tout utilisateur du logiciel de gestion de projets Project 4.1 pour Windows 95.

Il a été conçu pour vous permettre de retrouver rapidement les options à activer et les manipulations à effectuer pour réaliser telle ou telle opération.

Les dessins d'écrans proposés tout au long de ces pages permettent d'expliciter la manoeuvre en cours en affichant la boîte de dialogue correspondant à la commande ou en proposant un exemple précis.

Cet ouvrage est composé de huit parties.

Project 4.1 pour Windows 95
p. 1 à 10

Principes généraux liés au lancement du programme Project et à la découverte des principes de ce logiciel ainsi qu'à la manipulation des barres d'outils.

Les projets
p. 11 à 26

Description des techniques qui permettent de gérer les fichiers réalisés dans Project (ouvrir, enregistrer, fermer, créer...), de lier ou de consolider plusieurs fichiers entre eux mais également d'étudier le principe du modèle.

L'impression et la mise en page
p. 27 à 32

Etude des techniques d'impression des différents éléments de Project et personnalisation de la mise en page.

La gestion d'un projet
p. 33 à 46

Ensemble des commandes concernant la planification et le suivi de projets et découverte des coûts d'un projet.

L'affichage
p. 47 à 64

Description des principaux modes d'affichage des données de Project : planning de Gantt, réseau PERT et mode calendrier.

Les tables
p. 65 à 78

Ensemble des commandes concernant la gestion des tables, des cellules, du calendrier du projet et des filtres.

Les tâches
p. 79 à 104

Etude des techniques de création, d'affectation, de liaison des tâches et jalons ainsi que de leur gestion.

Les ressources
p. 105 à 126

Ensemble des commandes qui permettent la gestion et l'affectation des ressources.

*Vous trouverez en **Annexe** la liste des principaux champs et celle des raccourcis-clavier ainsi que l'arborescence des menus.*

*De plus, les dernières pages de cet ouvrage présentent un **index thématique** qui sera fort utile pour retrouver rapidement les manipulations correspondant à tel ou tel thème.*

Conventions typographiques

Pour que l'utilisateur puisse plus facilement retrouver et interpréter les informations qui l'intéressent, nous avons adopté les conventions typographiques suivantes :

Ces styles de caractère sont utilisés pour :

gras indiquer une option du menu ou d'une boîte de dialogue à activer.

italique un commentaire introduisant la manipulation ou explicitant les modifications visibles sur votre écran.

Ctrl symboliser les touches du clavier sur lesquelles vous devez appuyer; lorsque deux touches sont placées l'une à côté de l'autre, vous devez appuyer simultanément sur les deux touches.

Les symboles suivants introduisent

♦ la manipulation à exécuter (activer une option, cliquez avec la souris...).

❑ une remarque d'ordre général sur la commande en cours.

une astuce à connaître et à retenir !

PROJECT 4.1 POUR WINDOWS 95

LES PROJETS

LA GESTION D'UN PROJET

L'AFFICHAGE

LES TÂCHES

LES RESSOURCES

❑ *GESTION DES RESSOURCES*

❑ *AFFECTATION DES RESSOURCES*

LES ANNEXES

Lancer Project

♦ A partir du bureau de Windows 95, cliquez sur le bouton **Démarrer**.

♦ Glissez jusqu'à **Programmes** et, cliquez sur **Microsoft Project**.

Pendant le temps de chargement du programme, la fenêtre du copyright reste à l'écran.

♦ Lors du premier lancement de Project et, uniquement au cours de celui-ci, la fenêtre **Bonjour** est proposée. Elle vous permet de lier connaissance avec l'**Assistant Gestion de projets**. Consultez-la puis, cliquez sur le bouton **Fermer**.

♦ Sauf ordre spécifique de votre part, la boîte **Bienvenue !** est ensuite proposée.

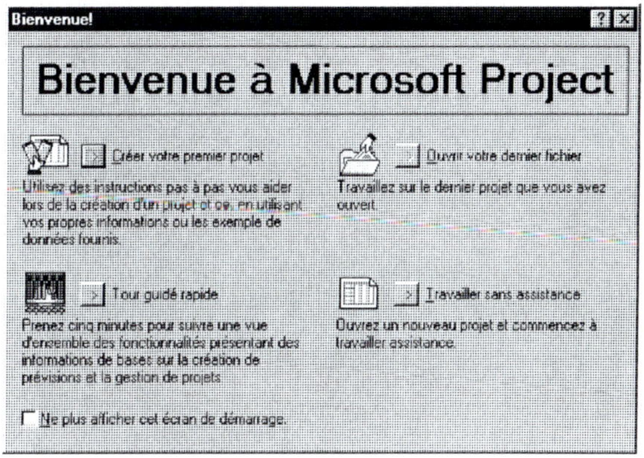

♦ Vous pouvez choisir :
- de **Créer votre premier projet**,
- de **Ouvrir votre dernier fichier**,
- de **Travailler sans assistance**,
- de suivre un **Tour guidé rapide**,
- ou encore, de **Ne plus afficher cet écran de démarrage**.

Le message ***Préparation du fichier d'aide pour une première utilisation*** *apparaît lors du premier lancement de Project.*

♦ La fenêtre d'aide relative à **Un didacticiel rapide** est activée. Pour la refermer, faites [Echap].

♦ Vous arrivez, peut-être, en consultation du **Conseil du jour**. Lisez-le et au besoin passez au **Conseil suivant** puis terminez par **OK**.

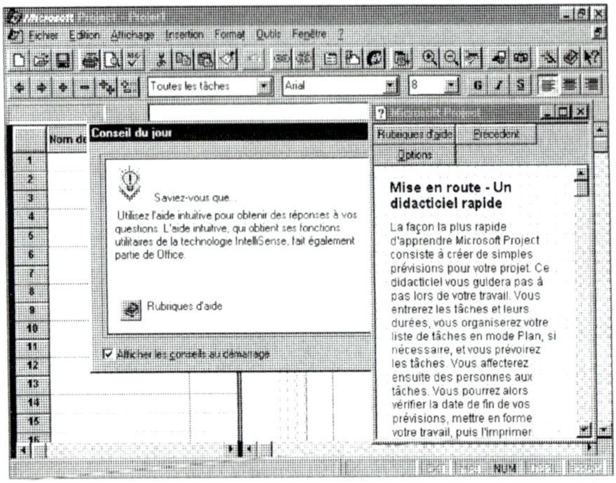

*Si les conseils du jour ne vous tentent pas, vous pourrez les désactiver lors du lancement suivant en désactivant l'option **Afficher les conseils au démarrage.***

L'écran de travail est alors affiché.

*A chaque démarrage, vous arrivez en visualisation des tâches d'un projet ; et, plus spécifiquement, dans un affichage appelé **Diagramme de Gantt**.*

*La partie gauche est une Table avec trois colonnes : **N°**, **Nom de la tâche**, **Durée**.*

*Sa partie droite constitue le **Planning**, planning dans lequel est englobée la date du jour de votre micro-ordinateur.*

Quitter Project

- **Fichier Quitter** — Clic sur le bouton de fermeture. — ♦ Alt F4

Vous voici de retour sur le bureau de Windows 95.

Annuler la dernière manipulation

- **Edition Annuler** — ♦ Ctrl Z

*Selon la dernière action réalisée, l'option **Annuler** est complétée différemment.*

Définir la gestion de projets

- L'A.F.N.O.R. définit un PROJET comme étant : "un effort unique mettant en oeuvre des moyens (humains, matériels ou services) pour atteindre un objectif dans des délais fixés".
- Cette définition regroupe la majorité des questions qui doivent être posées :

  "... atteindre un **objectif...**" Qu'est-ce qui doit être fait ?

"... en oeuvre des **moyens...**"	Qui (ou quoi) aura en charge la tâche ?
"... dans des **délais** fixés..."	Quand le travail doit-il être livré ?

♦ Deux autres questions sont également importantes :

– Quel est le budget accordé ?
– Quelles seraient les conséquences d'un retard dans la livraison du projet ?

♦ Ces questions posées, les réponses apportées, la GESTION DE PROJETS consiste à planifier, à organiser et à gérer des activités et des moyens dans le but d'atteindre l'objectif défini, objectif soumis à des contraintes de temps et d'argent.

Découvrir les différents intervenants d'un projet

♦ Le **Maître d'ouvrage**	Personne physique ou morale qui sera propriétaire de l'ouvrage réalisé.
♦ Le **Maître d'oeuvre**	Personne physique ou morale qui réalise le travail pour le maître d'ouvrage.
♦ Le **Chargé d'affaires**	L'affaire est une demande ou un besoin exprimé par un CLIENT (ou un PROSPECT). Le chargé d'affaires assure les contacts avec le maître d'ouvrage avant la conclusion du contrat, pendant son déroulement et lors de son achèvement.
♦ Le **Chef de projet**	L'A.F.N.O.R. nous donne la définition suivante : "personne physique chargée dans le cadre d'une mission définie, d'assumer la maîtrise du projet, c'est-à-dire de veiller à sa bonne réalisation dans les objectifs de technique, de coût et de délai".
♦ Le **Responsable planification**	Il identifie et organise les tâches, publie l'échéancier de chaque activité ; ensuite, il met à jour le planning. Souvent, le chef de projet assume cette fonction.
♦ Le **Responsable de département**	C'est le garant d'un des savoir-faire de l'entreprise. Il est sollicité par le chef de projet à qui il doit fournir les moyens en rapport avec son métier.
♦ La **Ressource**	Elle est informée et animée par son responsable de département. Son travail est géré et validé par son responsable hiérarchique.

- Le **Directeur Qualité** — La gestion de projets s'inscrit dans une démarche qualité dont l'importance va en augmentant.
- Le **Contrôleur de Gestion** — Le coût est l'un des trois piliers de la gestion de projet (Qualité - Coûts - Délais), d'où l'importance de ce rôle.

Exploiter les techniques de gestion de projets

- En 1917, Henry L. Gantt, ingénieur américain assistant de Frédérick Taylor, doit organiser la production d'un atelier. Dans ce but, il développe un système de représentation graphique des activités sur une échelle de temps : le diagramme à barres. Aujourd'hui, on parle de ***Diagramme de Gantt***.
- Dans les années 1950, les sociétés Dupont de Nemours et Remington Rand cherchent une technique qui permette de gérer au mieux un grand nombre de tâches liées entre elles. En 56/57, Morgan Walker et James Kelley mettent au point un algorithme de calcul, le ***CPM*** *(**C**ritical **P**ath **M**ethod). Il permet de calculer la durée totale d'un projet à partir de la durée de chaque tâche et des liaisons existant entre les différentes activités du projet.*
- Parallèlement au CPM, la méthode ***PERT*** *(**P**rogram **E**valuation and **R**eview **T**echnique) est créée par la marine américaine pour l'élaboration de ses missiles Polaris. Cette technique met graphiquement en évidence les relations entre les tâches.*
- Dès 1958, le calcul mathématique du CPM (devenu ***Chemin critique****) est appliqué au PERT. Par ce raisonnement, toute modification de la durée d'une tâche située sur ce chemin entraîne une modification dans la date de fin du projet.*
  Adoptée par la marine américaine, cette dernière estime n'avoir passé que 5 ans sur le projet Polaris au lieu des 7 prévues.
- Aujourd'hui on conjugue les trois techniques. Un Gantt affiche les relations entre les tâches (réseau PERT) et peut aussi afficher le chemin critique (méthode du CPM).

Planifier un projet

Pourquoi planifier ?

- Planifier demande du temps, de la rigueur et de l'expérience, mais c'est un facteur-clef du succès du projet.

  La planification, réalisée avant le lancement du projet, présente la manière dont le chef de projet souhaite atteindre l'objectif.

  Le plan n'est pas ce qui va se passer mais ce que l'on veut voir arriver. Il sert à présenter à tous les intervenants ce qui va se passer, quand et comment. Il permet donc à chaque acteur de se situer dans le projet et de prendre conscience de son rôle.

♦ La planification n'a un intérêt que si le plan est mis à jour régulièrement.

Planifier les points-clefs

♦ 1ère étape : Dresser la liste des tâches et des jalons
2ème étape : Estimer la durée de chaque tâche
4ème étape : Construire le réseau
5ème étape : Optimiser le réseau.

Lister les tâches et les jalons

Définir une tâche (ou activité)

♦ C'est la description du travail à mener pour obtenir un résultat précis.
Exemple : Ecrire le mode d'emploi de l'appareil.

♦ La réalisation d'une tâche est confiée à une ou plusieurs RESSOURCES.

♦ Plus une tâche est explicite plus on peut estimer au mieux les MOYENS à mettre en oeuvre pour la réaliser.
Il ne faut donc pas hésiter à remplacer une tâche par deux ou trois plus détaillées. Il faut tout de même se limiter à un niveau de détail raisonnablement utile.

♦ Exemple :

Description trop globale	**Description raisonnable**	**Description trop détaillée**
Mode d'emploi	Ecriture Saisie Mise en page	Ecriture intro Ecriture corps ...

Définir un jalon (ou borne, milestone, évènement)

♦ C'est une tâche d'une durée "zéro", c'est-à-dire négligeable par rapport à la série d'activités qui l'encadre.
Un jalon représente des objectifs intermédiaires qui permettent de constater l'état d'avancement du projet.
Ce peut être la preuve d'un effort accompli, la marque d'un événement extérieur...

♦ Tout projet devrait afficher une borne de début afin d'identifier son démarrage et une borne de fin pour clôturer le projet.

Réfléchir aux relations entre les tâches

Quelques définitions

♦ Un **lien** décrit une relation d'ordre entre les tâches. A priori, un lien n'a pas de durée.

♦ Microsoft Project offre quatre types de relations entre les tâches :

Fin à début (FD)

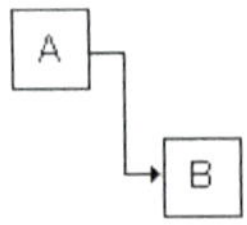

B ne peut pas débuter avant la fin de A.

Début à début (DD)

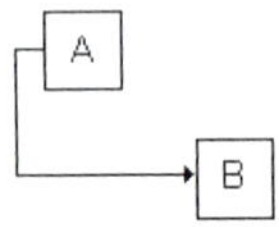

B ne peut pas débuter avant le début de A.

Fin à fin (FF)

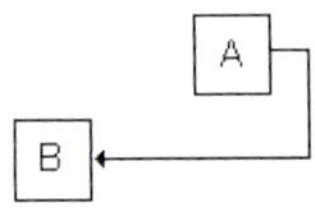

B ne peut pas finir avant la fin de A.

Début à fin (DF)

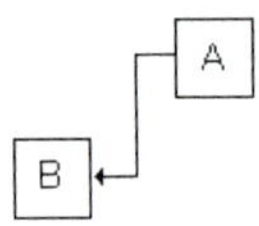

B ne peut pas finir avant le début de A.

90% des relations sont de type "Fin à début" ; le lien le plus rare étant le "Début à fin". Dans Project, A est appelé le PRÉDÉCESSEUR et B le SUCCESSEUR.

Les techniques utilisées

- A chaque tâche est attribué un numéro propre qui correspond au numéro de sa ligne.
- Pour chaque tâche, la question posée est : pour démarrer cette tâche, de quelle(s) tâche(s) a-t-on besoin ?
- Sauf pour la tâche de début et les évènements externes, toute tâche doit avoir un prédécesseur.

Trouver la durée des tâches

Décrire la durée

- La "durée" est la quantité de temps entre le DÉBUT et la FIN d'une tâche.
- Elle est fonction du rapport entre la quantité de travail demandée et la capacité de disponibilité des moyens affectés à sa réalisation.

Estimer une durée

- Outre votre expérience personnelle, l'interrogation d'experts..., vous pouvez appliquer la **loi Beta**.
- Pour chaque tâche, prenez les trois durées suivantes : optimiste (D_o), pessimiste (D_p) et la plus probable (D_c).
  Calculez (et utilisez alors) la durée moyenne (D_M) :
  $D_M = (D_o+D_p+4D_c)/6$.

- L'unité de mesure doit être maniable et rester significative par rapport à la tâche.

Construire le réseau

Représenter graphiquement les données

- Représentez graphiquement les données sous forme de PERT : les tâches sont présentées dans des boîtes et des flèches matérialisent les liaisons.

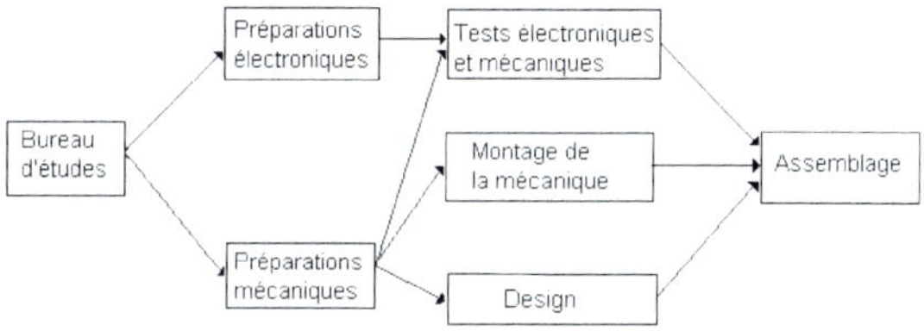

Calculer la durée totale du projet

Il se fait en deux séquences successives, après omission des jalons.

- Première séquence :

  Elle détermine pour chaque tâche sa date de début au plus tôt. Dans la majorité des cas, le calcul est uniquement fait en fonction des liaisons.
  Lorsqu'une activité a plusieurs prédécesseurs, on prend celui qui se termine le plus tard.

- Deuxième séquence :

  On part de la DATE DE FIN et on remonte dans le temps pour calculer les dates de début et de fin AU PLUS TARD.
  Ceci permet de déterminer la date à laquelle chaque tâche doit être terminée afin que le projet ne prenne pas de retard.
  Pour faciliter ces calculs, il est conseillé d'ajouter la colonne des successeurs.
  Lorsqu'il y a plusieurs successeurs, on prend en compte celui qui débute le plut tôt.

Équilibrer le réseau

Tout équilibrage prend en compte une notion importante, la notion de marges.

Définir les marges

- Une marge est la période pendant laquelle une tâche peut glisser dans le temps sans affecter les dates d'une autre tâche ou la date de fin du projet. On différencie la MARGE TOTALE de la MARGE DE FIN.
  - Marge totale :

    Il s'agit de l'intervalle de temps pendant lequel une tâche peut être retardée sans pour autant retarder la date de FIN DU PROJET.

C'est la différence entre la date de début au plus tard et la date de début au plut tôt de chaque tâche.

- Marge libre :

  Elle représente l'espace de temps pendant lequel on peut reculer une tâche sans retarder d'AUTRES TACHES.

  C'est la différence entre la date de début au plus tôt du descendant le plus précoce -(moins) 1 et la date de fin au plut tôt de la tâche.

♦ La suite des tâches ayant une marge totale égale à zéro, définit le CHEMIN CRITIQUE. Tout changement dans la durée de l'une de ces tâches a un effet immédiat sur la date de FIN DU PROJET.
On appelle ces tâches, les TÂCHES CRITIQUES.

Vérifier les délais sur les liaisons

♦ Fréquemment les liaisons sont soumises à des délais qui peuvent être des AVANCES ou des RETARDS.

♦ Exemple de retard : on pose le vernis une semaine après la fin de la teinte.

♦ Exemple d'avance : on peut commencer une fabrication une semaine avant la fin des études générales.

. . . . *Notes personnelles*. . . . .

Afficher la barre d'outils du suivi des tâches

- **Affichage**
  Barres d'outils
- Parmi toutes les barres proposées, sélectionnez **Suivi**.
- Cliquez sur **Afficher** puis sur **Fermer**.

La barre des outils de Suivi s'insère sous la barre Format.

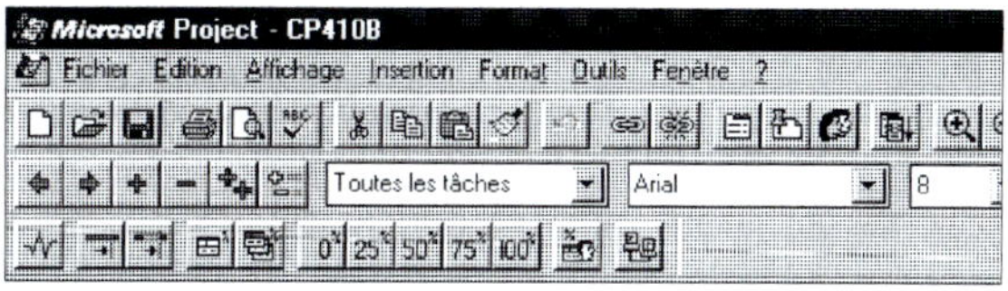

Intervenir sur les barres d'outils

- **Affichage**
  Barres d'outils

Cette boîte liste toutes les barres pouvant être affichées.

Créer une barre

- Cliquez sur le bouton **Créer**.
- Saisissez le **Nom** de la barre.

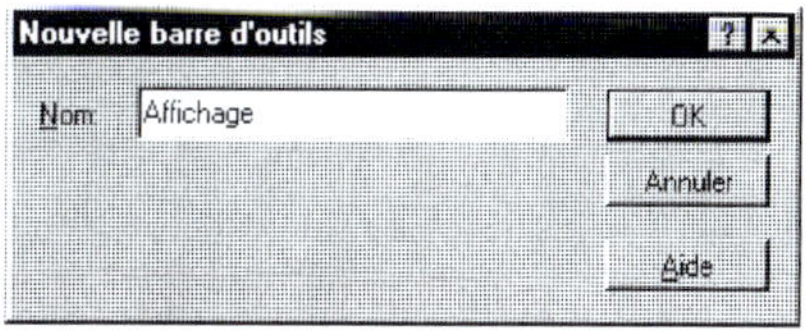

- Validez par **OK**.

*La barre apparaît à gauche de l'écran sous une forme flottante et la boîte **Personnaliser** s'affiche.*

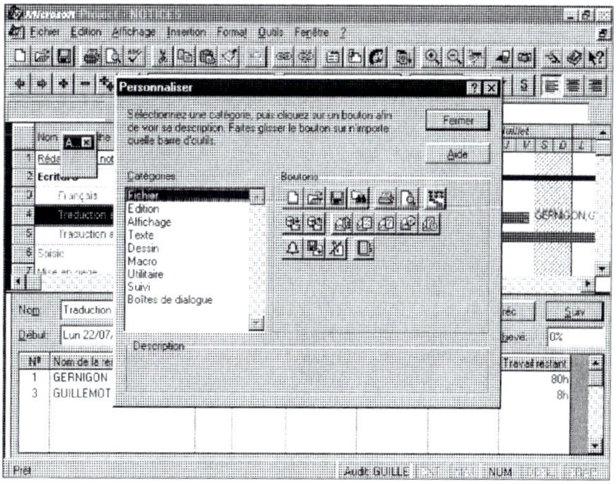

Choisir les boutons

- Au besoin, cliquez sur le bouton **Personnaliser**.
- Pour ajouter un bouton :
  - Sélectionnez sa catégorie.
  - Cliquez sur l'un des boutons proposés.
  - Consultez sa **Description**.
  - Faites-le glisser vers la barre destinataire.

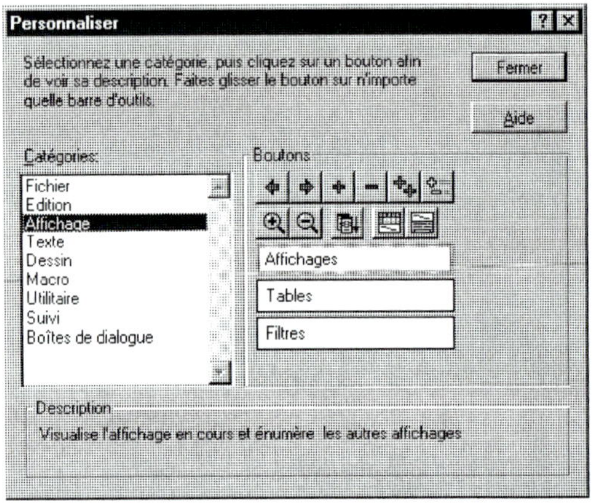

- Pour supprimer un bouton, faites-le glisser en dehors de sa barre.
- Terminez par le bouton **Fermer**.

❑ *Les personnalisations de barre d'outils sont obligatoirement mémorisées dans le fichier GLOBAL.MPT. Ce qui veut dire qu'elles concernent tous les projets.*

❑ *Lorsque la boîte de dialogue **Affichage - Barres d'outils - Personnaliser** est affichée, vous pouvez ajouter ou supprimer des boutons sur n'importe quelle barre d'outils affichée.*

Fixer une barre d'outils flottante

- Double cliquez sur sa barre de titre.

Pour rendre flottante une barre d'outils fixe, cliquez sur un espace vierge de la barre et faites-la glisser vers le milieu de l'écran.

. . . . *Notes personnelles* . . . .

Ouvrir un fichier projet

♦ **Fichier**
Ouvrir

♦ Ctrl **O**

*La boîte de dialogue **Ouvrir** va vous permettre d'indiquer où se trouve le projet à ouvrir ainsi que son nom.*

*Le dossier **Winproj** est sélectionné par défaut dans la liste **Regarder dans**.*

Lorsque vous déplacez la souris (sans cliquer) sur les icônes de la boîte de dialogue, leur nom apparaît.

♦ Indiquez où se trouve le document à ouvrir à l'aide de la liste déroulante **Regarder dans**.

Cette liste contient l'ensemble des unités accessibles sur le poste de travail (l'unité de disquette (A:), le disque dur (C:), un éventuel CD ROM) et aussi sur le réseau (Voisinage réseau).

♦ Sélectionnez l'unité où se trouve le document (A:, C:, D:...) s'il s'agit du poste de travail ou cliquez sur **Voisinage réseau** pour afficher la liste des postes de travail du réseau.

Apparaît alors la liste des dossiers (ou répertoires) existant sur cette unité ainsi que les documents situés dans le dossier courant (s'il y en a).

♦ Accédez au dossier où se trouve le projet à ouvrir en faisant un double clic sur l'icône du dossier.

♦ Pour accéder au dossier parent (répertoire père), cliquez sur le bouton .

♦ Pour afficher une liste détaillée, cliquez sur .

*Le nom de chaque document apparaît dans une première colonne ; la liste fait alors apparaître la **Taille** du document, son **Type** ainsi que la date et l'heure de sa dernière modification.*

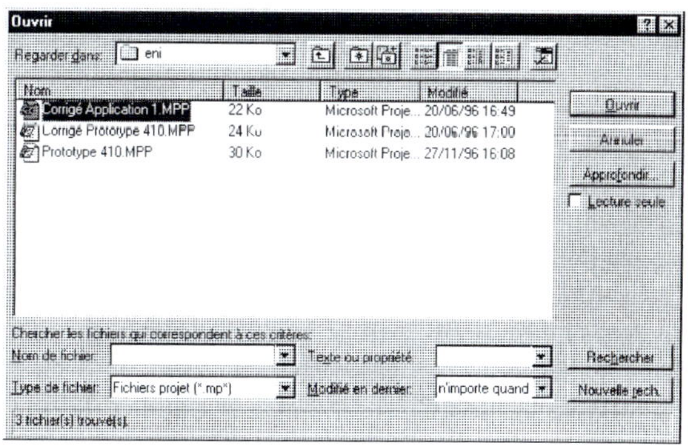

♦ Pour afficher les propriétés d'un seul document, cliquez sur [icône] puis cliquez sur le document dont vous souhaitez afficher les propriétés.

*Les **Titre**, **Sujet** et **Auteur** apparaissent dans la partie droite de la boîte de dialogue.*

♦ Pour retrouver la présentation sous forme de liste, cliquez sur [icône].

♦ Pour ouvrir un document, faites un double clic sur son nom.

> *Pour ouvrir l'un des quatre derniers fichiers utilisés, ouvrez le menu **Fichier** puis cliquez sur le nom du fichier à ouvrir dans la partie inférieure du menu.*

Visualiser plusieurs projets simultanément

♦ Ouvrez tous les projets à visualiser simultanément mais, seulement eux.

♦ **Fenêtre**
Réorganiser

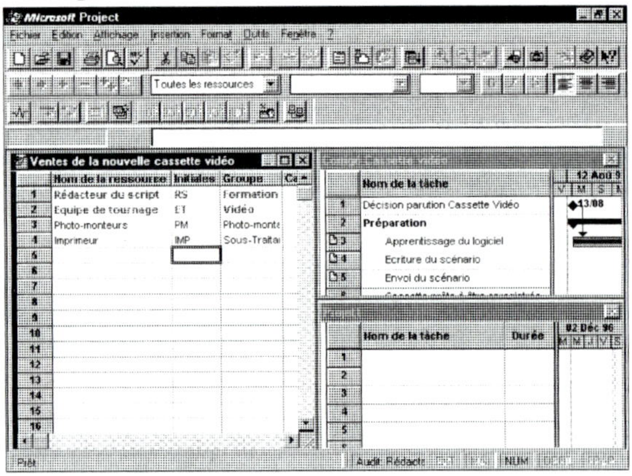

L'écran se fractionne en plusieurs fenêtres affichant chacune l'un des projets ouverts.

Le projet actif est celui qui a une barre de titre complète.

♦ Pour activer l'un des projets, cliquez dans sa fenêtre.

Sa barre de titre devient complète, preuve que toutes les manipulations vont concerner ce projet.

♦ Pour afficher de nouveau le projet sur tout l'écran, cliquez sur le bouton agrandissement [icône] de sa barre de titre.

Activer un fichier ouvert mais masqué

♦ Ouvrez le menu **Fenêtre**.

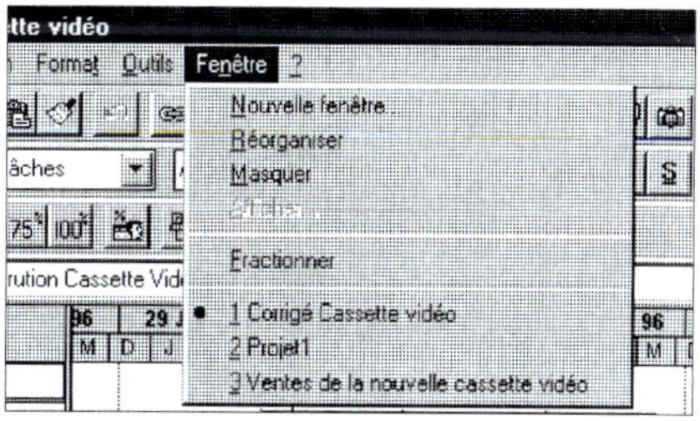

Dans la partie inférieure du menu sont listés par ordre alphabétique tous les fichiers ouverts.

Le fichier précédé d'un point est le fichier actif.

♦ Cliquez sur le nom du fichier à activer.

Immédiatement le fichier élu passe au premier plan.

Fermer un fichier

♦ **Fichier**
Fermer

♦ Ctrl F4

Enregistrer un projet

Un nouveau projet

♦ **Fichier**
Enregistrer

♦ Ctrl S

L'Assistant Gestion de projets propose ses services.

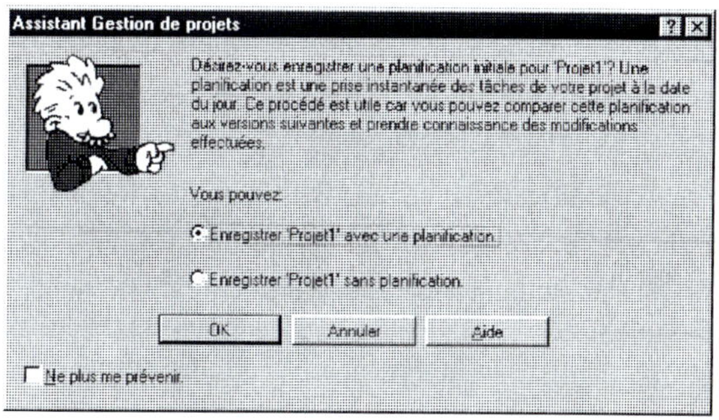

♦ Tant qu'un projet n'est pas entré en phase de réalisation, choisissez d'**Enregistrer sans planification**.

♦ Validez par **OK**.

♦ Sélectionnez l'unité dans laquelle doit être enregistré le projet à l'aide de la liste déroulante **Enregistrer dans**.

♦ Accédez au dossier dans lequel vous souhaitez enregistrer le projet en réalisant un double clic sur l'icône du dossier.

♦ Cliquez dans la zone **Nom de fichier**, effacez le nom éventuellement affiché puis tapez le nom à attribuer au document.

Vous pouvez saisir jusqu'à 255 caractères, espaces compris !

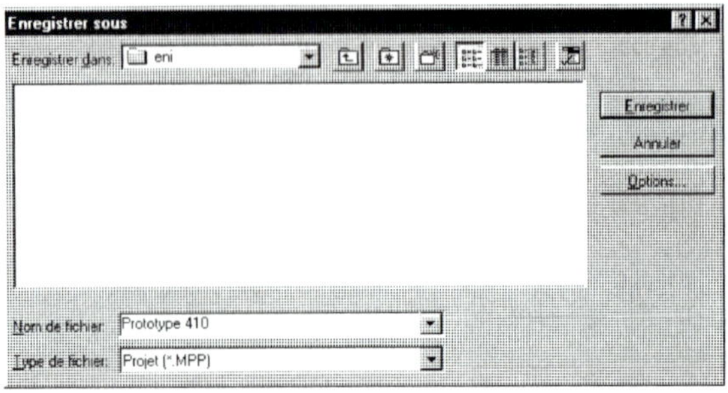

♦ Cliquez sur **Enregistrer**.

Le nom du projet s'affiche sur la barre de titre. Ce nom est suivi de l'extension MPP.

Un projet existant

♦ **Fichier**
Enregistrer

♦ Ctrl **S**

♦ Tant que le projet n'est pas en phase de réalisation, cliquez sur **Enregistrer sans planification**.

♦ Validez par **OK**.

Créer un nouveau projet

♦ **Fichier**
Nouveau

♦ Ctrl **N**

♦ Renseignez les **Informations sur le projet**.

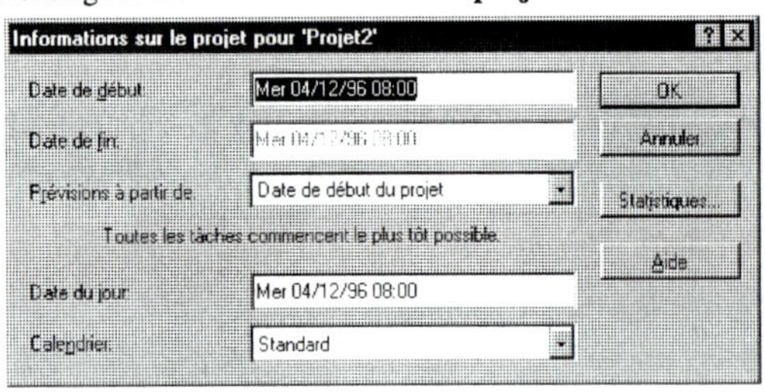

♦ Validez par **OK**.

Personnaliser tous les nouveaux projets

Il s'agit de prévoir les éléments nécessaires dans tout nouveau projet.

♦ Par la boîte de dialogue **Affichage - Plus d'affichages - Organiser**, copiez tous les éléments qui seront communs à tous les nouveaux projets dans le fichier **GLOBAL.MPT**.

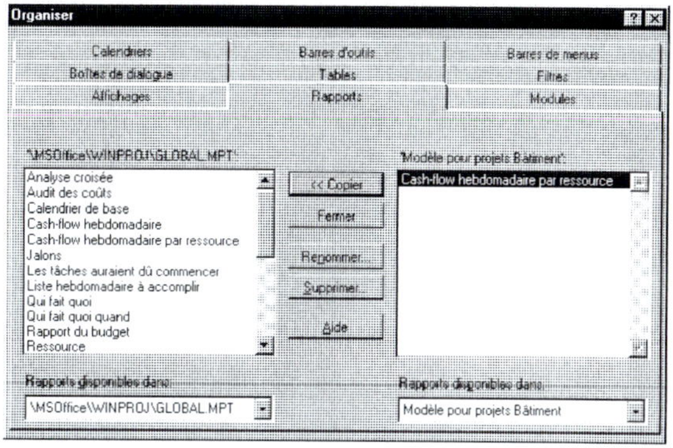

Une fois la copie réalisée, cliquez sur les deux boutons **Fermer**.

Commenter un fichier projet

- **Fichier**
  Propriétés
- Au besoin, activez l'onglet **Résumé**.

  Project propose comme ***Titre*** *le nom du fichier.*
- Cliquez dans la zone **Commentaires** et saisissez vos observations.

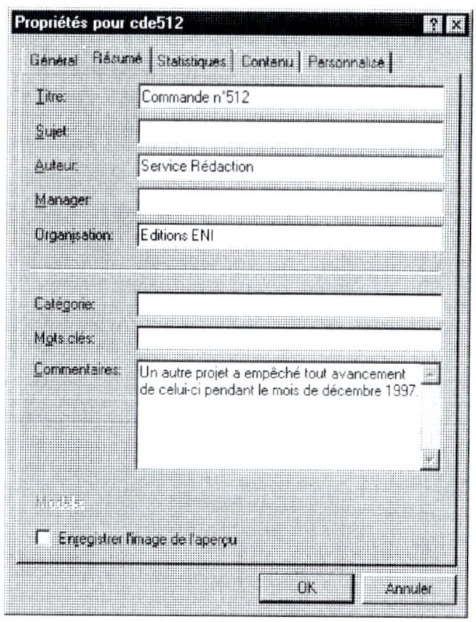

- Cliquez sur **OK**.

Consulter les statistiques globales d'un projet

Project analyse toujours les fichiers projet de manière globale.

Les visualiser

- **Fichier**
  Informations sur le projet
- Cliquez sur le bouton **Statistiques**.
  Project propose les points de réflexion suivants :

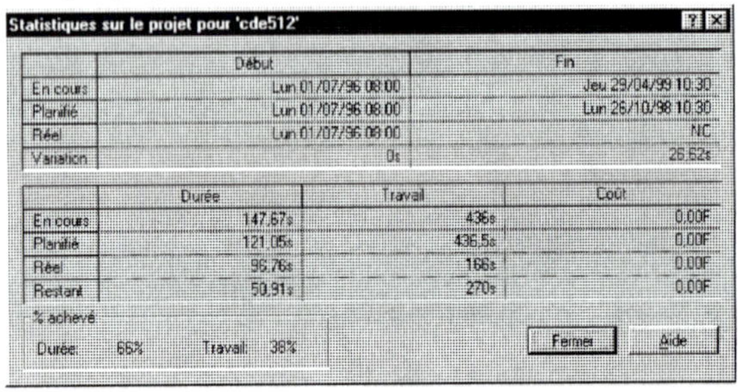

- Quittez par le bouton **Fermer**.

Les imprimer

- **Affichage**
  Rapports
- Double cliquez sur **Vue d'ensemble** puis sur **Résumé du projet**.
- Cliquez ensuite sur **Imprimer** puis sur **OK**.
  Le commentaire, s'il existe, s'imprime en fin de rapport.
  Cette fiche est parfaite pour l'enrichissement de vos connaissances sur les projets réalisés.
- Cliquez sur **Annuler** pour quitter la boîte de dialogue.

Copier des éléments d'un projet à un autre

- Ouvrez le projet qui contient l'élément à copier ainsi que le projet destinataire de la copie.
- **Affichage**
  Plus d'affichage
- Cliquez sur le bouton **Organiser**.
  Cette boîte de dialogue comporte autant d'onglets que de types d'éléments pouvant être copiés.

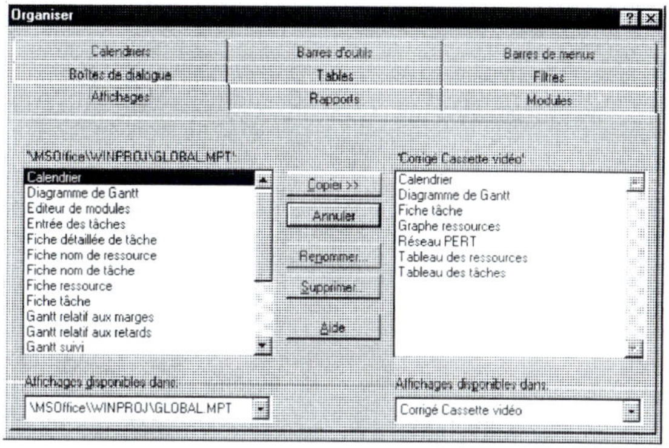

♦ Activez l'onglet de l'élément à copier.

Chaque onglet propose deux colonnes : l'une pour le projet source, l'autre pour le projet destinataire.

♦ Grâce aux listes **...disponibles dans**, affichez le projet source dans l'une des colonnes et le projet destinataire dans l'autre.

Les listes proposées se limitent aux éléments utilisés.

Selon l'onglet actif, le titre de cette liste varie.

♦ Dans la colonne du projet source, cliquez sur l'élément à copier.

♦ Cliquez alors sur le bouton **<<Copier**.

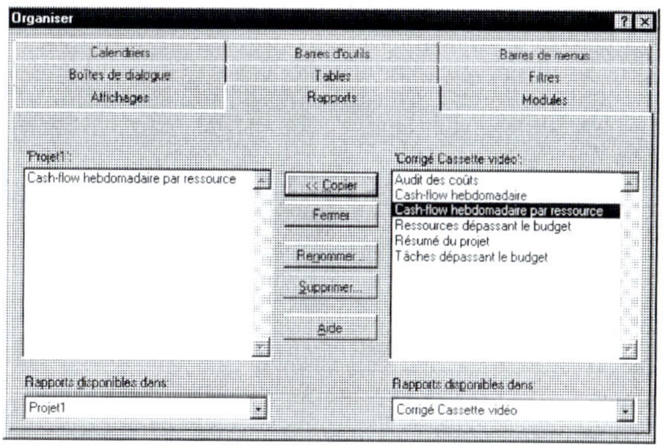

Instantanément la copie est réalisée.

♦ Les copies terminées, cliquez sur le bouton **Fermer** une première fois puis une seconde fois.

Renommer/ supprimer un élément d'un projet

♦ **Affichage**
Plus d'affichages
Organiser

♦ Activez l'onglet en fonction de l'élément sur lequel vous souhaitez travailler.

♦ Pour modifier le nom :

– Cliquez sur le bouton **Renommer**.

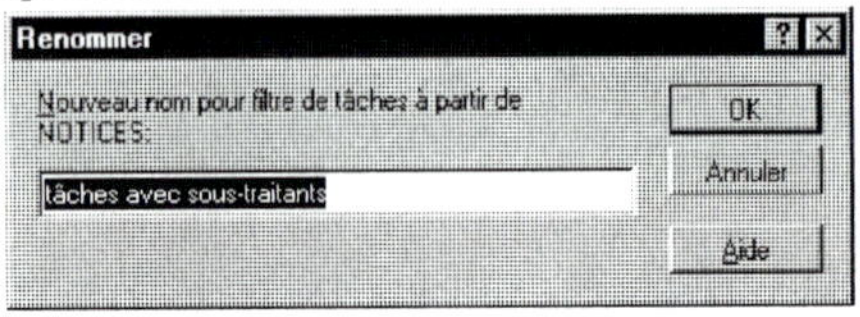

– Saisissez le nouveau nom.

– Validez par [Entrée].

♦ Pour supprimer l'élément sélectionné :

– Cliquez sur le bouton **Supprimer**.

– Confirmez en cliquant sur **Oui**.

♦ Validez les modifications par le bouton **Fermer** à deux reprises.

Personnaliser les éléments d'un projet

Un aspect important de l'utilisation de Microsoft Project concerne les personnalisations. Elles permettent d'adapter ce programme à votre manière de travailler. Chaque personnalisation exige un léger temps de réflexion.

Se poser des questions

♦ Souhaitez-vous **créer** un élément complètement nouveau ?

♦ Désirez-vous créer un élément nouveau à partir d'un élément existant ?

♦ Voulez-vous seulement **modifier** un élément existant ?

Les techniques utilisées

♦ Pour les créations et les copies, utilisez la technique liée à la nature de l'élément :

Nature de l'élément	Techniques
Table de tâches ou de ressources	- Soyez en affichage des tâches ou des ressources - **Affichage** - **Table** - **Plus de tables** - Si création : bouton **Créer** - Si copie : sélection de la table à copier puis bouton **Copier**

Nature de l'élément	Techniques
Filtre de tâches ou de ressources	- Soyez en affichage des tâches ou des ressources - **Outils** - **Filtrer pour** - **Plus de filtres** - Si création : bouton **Créer** - Si copie : sélection du filtre à copier puis bouton **Copier**
Rapport	- **Affichage** - **Rapports** - **Personnalisé** - Si création bouton **Créer** - Si copie, sélection du filtre à copier puis bouton **Copier**
Affichage	- **Affichage** - **Plus d'affichages** - Si création, bouton **Créer** - Si copie, sélection de l'affichage à copier puis bouton **Copier**

♦ Pour les modifications, les techniques diffèrent selon que l'on désire modifier le contenu ou l'aspect.
Les modifications de contenu s'opèrent grâce aux menus cités précédemment puis au bouton **Modifier** après la sélection de l'élément concerné. Les modifications d'aspect sont trop diverses pour être citées ici.

. . . . *Notes personnelles* . . . .

Travailler sur un projet complexe

- Le contexte peut être le suivant : le projet est de grande taille et comprend plusieurs phases bien distinctes.
- L'une des techniques pour gérer ce type de projet consiste à créer un projet distinct pour chaque grande phase, puis à faire référence à ces projets externes dans un autre projet appelé projet principal.
- Isoler les tâches d'un sous-projet dans un fichier distinct du projet principal permet de pouvoir se concentrer soit sur le sous-projet, soit sur les synthèses du projet principal en limitant ainsi le nombre de lignes affichées.
- Cette technique autorise à déléguer aisément certaines parties d'un projet de grande taille à d'autres chefs de projet.
- Enfin, elle offre l'avantage de minimiser l'utilisation de la mémoire de votre ordinateur : les projets externes ne doivent pas obligatoirement être ouverts lorsque vous travaillez sur le projet principal.

Créer une tâche projet externe

- A partir du document principal, créez votre liste de tâches. Pour les tâches de type projet externe, attribuez-leur un nom, ne vous préoccupez pas de leur durée, établissez leurs liaisons.
- Pour chaque tâche projet externe :
  - Double cliquez dans la tâche.
  - Activez l'onglet **Confirmé**.
  - A l'intérieur du cadre **Projet externe**, cliquez sur le bouton **Parcourir**.
  - Recherchez puis double cliquez sur le nom du fichier projet externe.

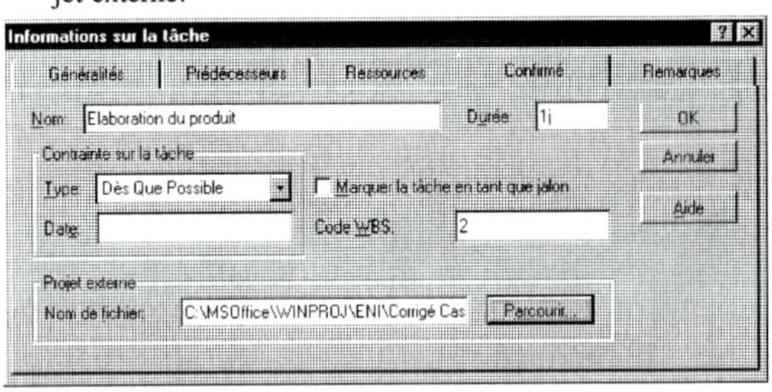

- Validez par **OK**.

  La durée de la tâche projet externe correspond à la durée totale du fichier projet externe.

Afficher les détails d'une tâche projet externe

- A partir du projet principal, double cliquez sur la tâche à développer.

❑ *Instantanément s'ouvre le fichier projet externe correspondant. Toutefois, le fichier projet principal n'a pas été fermé.*

Ouvrir un projet principal

- Ouvrez-le comme habituellement.

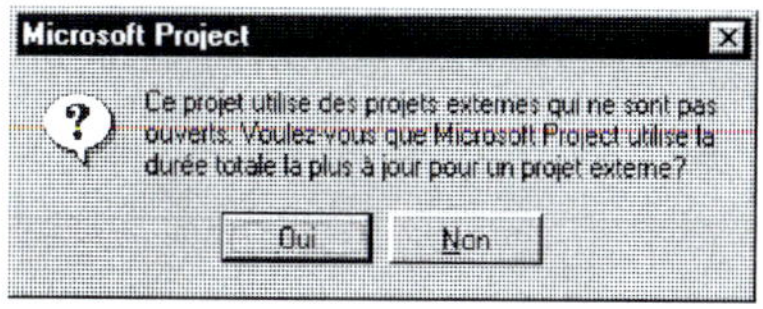

Systématiquement, Project propose d'aller consulter les projets externes non ouverts afin de prendre en compte leurs éventuelles transformations.

- Cliquez sur **Oui** afin de garantir l'ouverture d'un projet principal à jour.

Notifier les dates de début des tâches projet externe

Au moment de la création des tâches projet externe

- Lorsque le fichier projet externe a une date de début programmée, cette date est reprise en tant que date de début de la tâche projet externe.
- Inversement, lorsque le fichier projet externe n'a pas de date de début programmée, la date de début de la tâche est calculée par Project en fonction des liaisons établies.
- Dans ce second cas, cette date est répercutée dans le fichier projet externe en tant que date de début du projet même lorsque ce dernier n'est pas ouvert.

Après la création des tâches projet externe

- Il est inutile de renseigner la date dans le fichier projet externe.
  Si vous le faites en tant que date de début du projet, Project l'oublie immédiatement.
  Si vous le faites en tant que date de début de la tâche 1, vous modifiez inutilement la durée du projet externe et donc de la tâche projet externe.
- Cette date doit être renseignée dans le projet principal.

Ouvrir un fichier récepteur de ressources

- Ouvrez le fichier normalement.

  La première question posée est due au fait que le fichier soit un projet principal et non au partage de ressources.

- Si le fichier est un projet principal, répondez à la question qui concerne les mises à jour des projets externes.

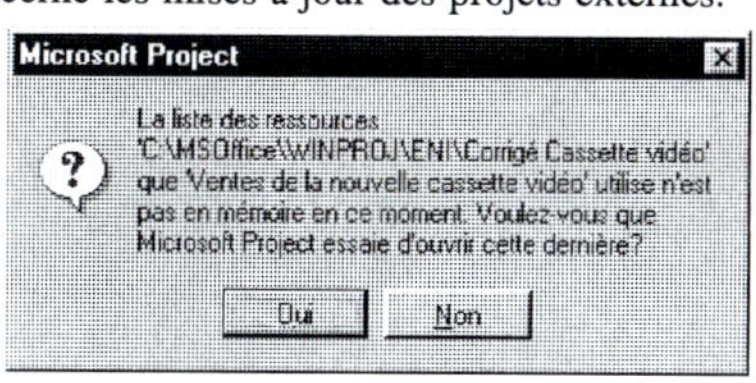

Lorsque la source des ressources n'est pas ouverte, Project propose de le faire.

- Acceptez, **Oui** ou **Non**, d'ouvrir le projet sources des ressources.

Afficher le nom des fichiers externes dans le Gantt

- Soyez dans le Gantt concerné.
- **Format**
  Style des barres
- Sélectionnez les barres concernées.
- Activez l'onglet **Texte**.
- Choisissez le lieu d'apparition des noms des fichiers par rapport à la barre (**Gauche**, **Droite**... **Intérieur**).
- Ouvrez la liste du dessus et sélectionnez **Fichier projet externe**.

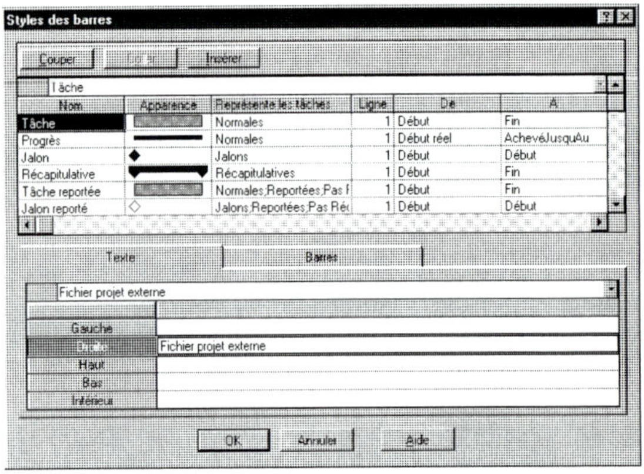

- Validez par **OK**.
  Le nom des fichiers s'affiche précédé du chemin d'accès.

Manipuler les tâches récapitulatives de projet

Modifier l'aspect des barres

- **Format**
  Style des barres
- Cliquez dans la première cellule vide de la colonne **Nom** et attribuez le nom de votre choix.
- Personnalisez la barre à votre guise.

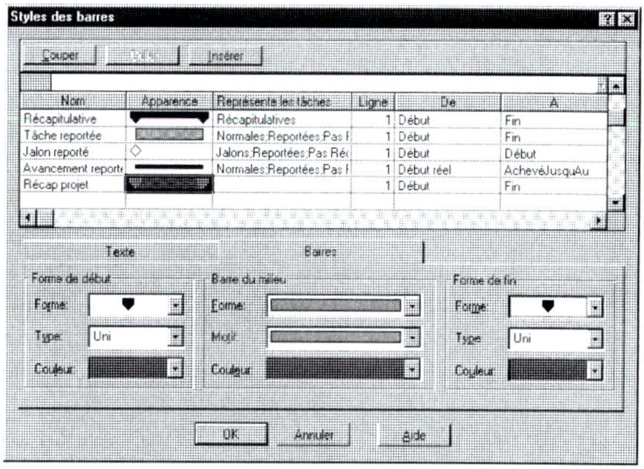

- Cliquez dans la cellule **Représente les tâches**, ouvrez la liste du dessus et cliquez sur **Récapitulatives du projet** (en fin de liste).

  Ainsi, les tâches récapitulatives d'un projet seront différenciées des tâches récapitulatives d'autres tâches dans le graphique du Gantt.

- Validez par **OK**.

Modifier la présentation du plan

- Procédez comme pour la réduction et le développement des récapitulatives de tâches.

. . . . *Notes personnelles* . . . .

Consolider plusieurs projets individuels

- Outre les projets externes et le partage des données, le multi-projet peut revêtir une autre forme : la supervision de plusieurs projets grâce à la consolidation.
- La consolidation permet de passer un certain nombre de projets en revue et d'établir aisément un rapport à leur sujet.
- Vous pouvez modifier la mise en forme des informations du projet consolidé sans modifier celles des fichiers projet source.
- La consolidation peut être une simple consolidation de plannings et aller jusqu'à une consolidation des ressources par création d'une liste des ressources communes aux projets.

Consolider les plannings

- **Outils**
  Projets multiples
- Sélectionnez **Consolider les projets**.
- Pour chaque projet à consolider :
  - Cliquez dans une cellule vide de la colonne **Nom de fichier**.
  - Cliquez sur le bouton **Parcourir**.
  - Double cliquez sur le projet à consolider.
  - Choisissez comment **Ouvrir le fichier** en cliquant dans cette cellule et en ouvrant la liste du dessus.

  Si vous choisissez l'option ***Lecture seule****, les éventuelles modifications réalisées dans le fichier consolidé ne seront pas répercutées dans le fichier source.*

  L'ordre d'ajout des fichiers détermine leur ordre d'apparition dans la consolidation.
- Pour établir une liaison entre le projet consolidé et ses sources, laissez cochée l'option **Lier aux projets source**.

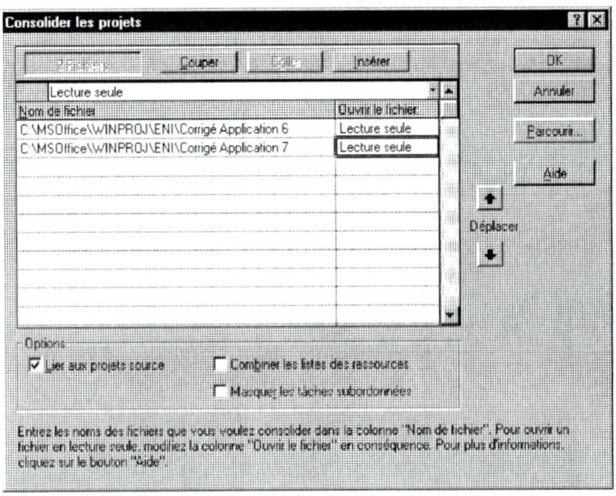

Ainsi, les modifications apportées aux fichiers sources seront répercutées dans le projet consolidé.

*L'inverse dépend du choix fait dans les cellules **Ouvrir le fichier**. Si vous conservez **Lecture/Ecriture**, les modifications effectuées au sein de la consolidation sont prises en compte par les sources.*

♦ Lors d'une simple consolidation de plannings, laissez désactivé le choix **Combiner les listes de ressources**.

♦ Validez par **OK**.

Project affiche des messages de fusion puis affiche le résultat de la consolidation dans un projet appelé Multi1, Multi2,...

Consolider les plannings et les ressources

♦ Procédez comme pour une consolidation simple de plannings mais activez l'option **Combiner les listes des ressources**.

♦ Validez par **OK**.

♦ Pour vérifier la consolidation des ressources, faites **Affichage - Tableau des ressources**.

Explorer un projet consolidé

*Chaque projet est précédé d'une tâche sans numéro, tâche qui reprend le **Titre** du **Résumé** du projet (nous vous rappelons que par défaut, ce titre est le nom du fichier).*
La barre de ce type de tâche (appelée tâche récapitulative de projet) ressemble, par défaut, aux barres des tâches récapitulatives de tâches.
Lorsqu'une liaison a été demandée entre la consolidation et ses sources, chaque tâche conserve son numéro d'origine.

♦ Accédez au tableau des ressources par **Affichage - Tableau des ressources**.

Ce type de "consolidation de plannings" n'a pas entraîné la création d'une réelle liste des ressources communes aux deux projets, mais les noms des ressources s'affichent dans le projet consolidé.

♦ Revenez sur les tâches par **Affichage - Diagramme de Gantt**.

Enregistrer un projet consolidé

♦ Enregistrez ce fichier comme tout fichier.

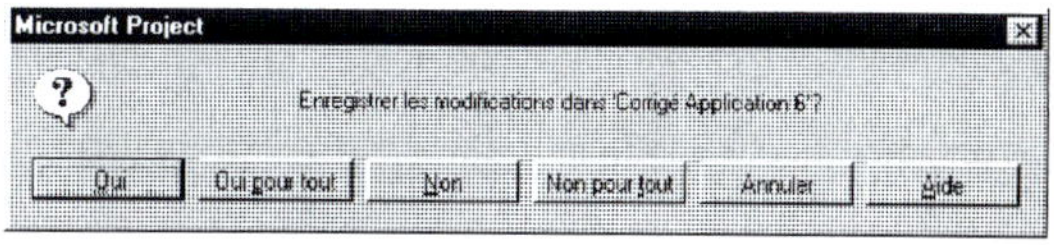

Systématiquement, Project propose d'enregistrer l'un après l'autre chaque fichier source.

♦ Acceptez ou non, d'enregistrer chaque fichier source.

Créer un modèle de projet

Utilisez un modèle lorsque plusieurs projets nécessitent :
- une structure de tâches semblables.
- des éléments (calendriers, rapports...) semblables.
- un ensemble de ressources semblables.

- Créez dans un nouveau projet les éléments communs (tâches, ressources, calendriers...) et uniquement eux.
- **Fichier**
  Enregistrer sous
- Saisissez le **Nom** du modèle.
- Ouvrez la liste **Type de fichier** et cliquez sur **Modèle**.

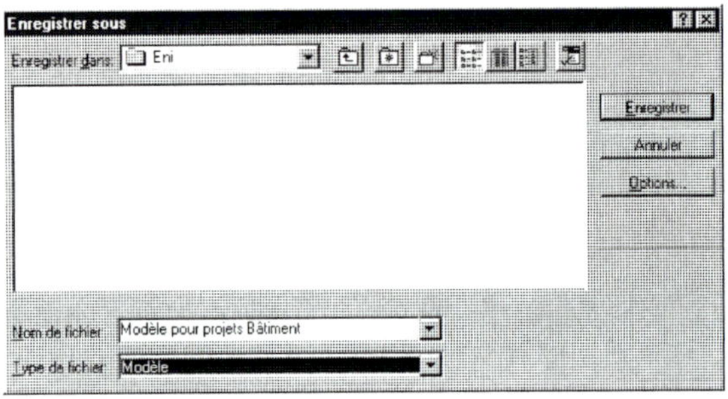

- Validez par le bouton **Enregistrer**.

❏ *Lorsque vous travaillez <u>dans</u> un modèle, Project affiche les lettres MPT sur la barre de titre.*

Utiliser un modèle de projet

- Ouvrez le fichier modèle comme tout autre fichier.

  Le fichier s'ouvre sans laisser apparaître les lettres MPT sur la barre de titre. Ceci est la preuve que vous ne travaillez pas <u>dans</u> le modèle mais <u>avec</u>.
- Réalisez le projet.
- Enregistrez par le bouton .

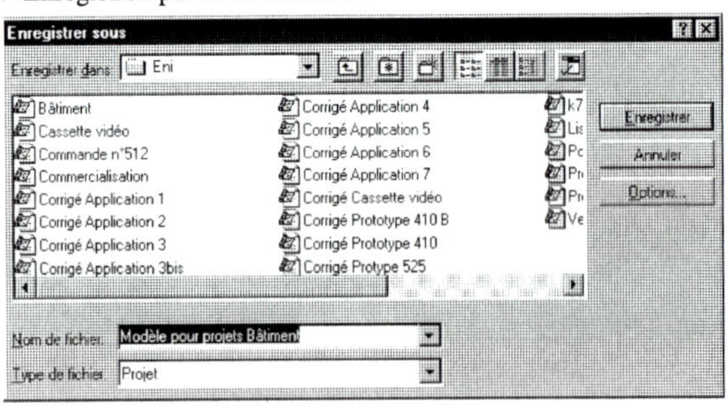

*Project demande de saisir un **Nom** et propose **Projet** en tant que **Type de fichier**.*

- Donnez un **Nom de fichier** avant de valider.

Imprimer un plan

♦ Au niveau du **Diagramme de Gantt**, affichez les colonnes et les tâches à imprimer puis, lancez l'impression.
ou
Faites **Affichage - Rapports**, double cliquez sur **Vue d'ensemble** puis sur **Tâches de niveau supérieur**.
A partir de l'aperçu, cliquez sur le bouton **Imprimer** et confirmez par **OK**.

Imprimer les charges de travail pesant sur les tâches

Imprimer le rapport standard

♦ **Affichage**
Rapports

♦ Double cliquez sur la catégorie **Charge de travail** puis sur **Utilisation des tâches**.

♦ Si vous souhaitez imprimer, faites **Imprimer - OK**.
ou,
pour une consultation, placez le pointeur de la souris-loupe au-dessus des libellés de colonne et cliquez.

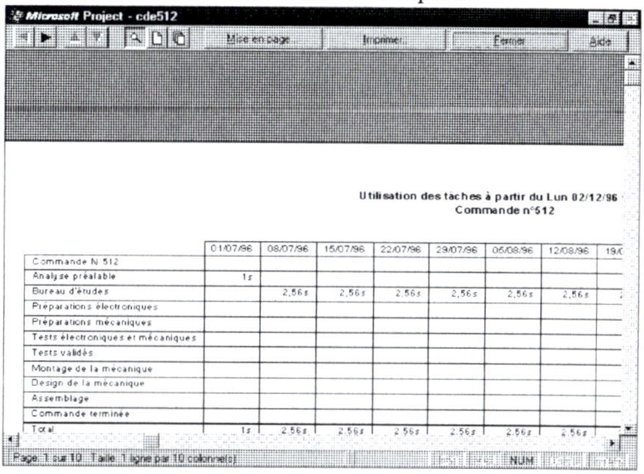

Le nombre total de pages à imprimer est indiqué sur la barre de titre.

Personnaliser le rapport "utilisation des tâches"

♦ Utilisez **Affichage - Rapports**.

♦ Double cliquez sur **Personnalisé**.
Project liste tous ses rapports.

♦ Sélectionnez le rapport à personnaliser appelé **Utilisation des tâches**.

♦ Cliquez sur le bouton **Modifier**.

♦ Réalisez vos personnalisations.

♦ Validez par **OK**.

♦ Choisissez d'**Imprimer** ou de lancer un **Aperçu**.

♦ Quittez la boîte de dialogue par **Annuler**.

Imprimer le tableau des ressources

- Comme avant toute impression, lancez un aperçu par .

  Project propose une orientation portrait pour cette impression.
- Pour changer l'orientation de la page, cliquez sur le bouton **Mise en page**, activez l'onglet **Page** puis l'option **Paysage**. Validez par **OK**.
- Cliquez sur le bouton **Imprimer** et confirmez par **OK**.

Imprimer les affectations de ressources

- **Affichage**
  Rapports
- Double cliquez dans la catégorie **Affectations**.
- Choisissez l'un des deux rapports suivants : **Qui fait quoi** et **Qui fait quoi quand**.

Imprimer les dépassements de budget

- **Affichage**
  Rapports
- Double cliquez sur la catégorie **Coûts**.
- Choisissez, soit l'option **Tâches dépassant le budget**, soit l'option **Ressources dépassant le budget**.
- **Imprimer - OK - Annuler** pour quitter la sélection des catégories.

❑ *Le coût réel ne tient pas compte du coût des heures supplémentaires.*

Individualiser des rapports

Il s'agit de personnaliser vos impressions.

- **Affichage**
  Rapports
- Double cliquez dans l'onglet **Personnalisé**.
- Cliquez sur le bouton **Créer**, **Modifier** ou **Copier**.

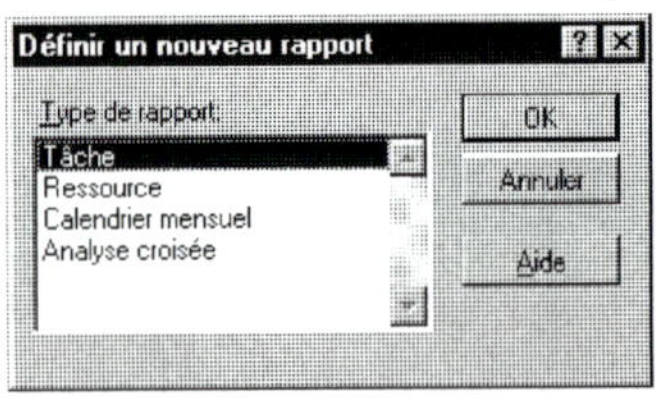

*Globalement, en création, dominent deux familles de rapports : les simples (**Tâche**, **Ressource**) et les rapports dits d'**Analyse croisée**.*

*L'option **Calendrier mensuel** n'est proposée en création que pour une compatibilité avec les versions antérieures de Project.*

Créer un rapport simple

- A partir de la boîte de dialogue **Définir un nouveau rapport**, sélectionnez **Tâche** ou **Ressources** selon l'origine des données.
- Dans l'onglet **Définition**, définissez le nom et le contenu du rapport.

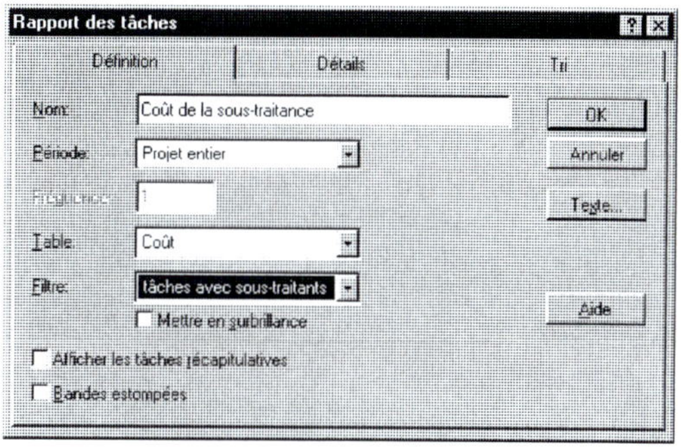

- Par l'onglet **Détails**, donnez plus de précisions sur le contenu du rapport.

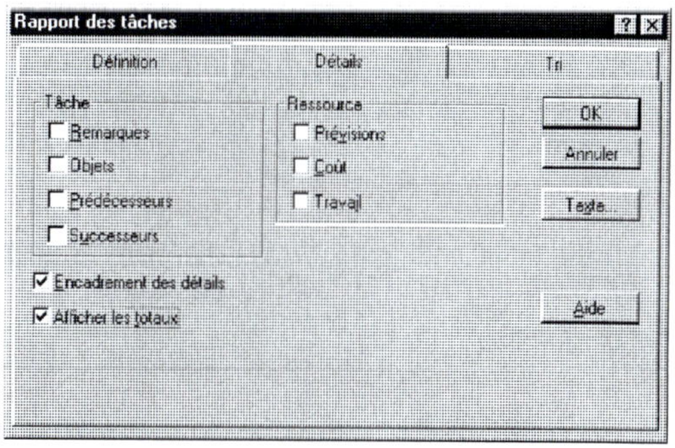

Selon les choix activés dans le premier onglet, certaines options peuvent être indisponibles.

- Au besoin, demandez un **Tri** par l'onglet de même nom.
- Pour intervenir sur l'aspect des caractères, cliquez sur le bouton **Texte** disponible sur chacun des onglets.

  Vous retrouvez une boîte similaire à celle de ***Format - Style de texte****.*

- Elaborez vos mises en valeur de caractères avant de valider.
- Validez la définition du rapport par **OK**.
- Choisissez d'**Imprimer** ou de lancer un **Aperçu**.

Créer un rapport appelé "Analyse croisée"

♦ A partir de la boîte de dialogue **Définir un nouveau rapport**, double cliquez sur **Analyse croisée**.

♦ Dans l'onglet **Définitions** :

- Saisissez le **Nom** du rapport.
- Précisez l'origine des données à présenter en **Lignes** (**Tâches** ou **Ressources**).
- Indiquez l'intervalle de temps de l'analyse grâce à la liste **Colonne** et à la zone de saisie précédente.
- Dans la liste du milieu, choisissez le champ à analyser.
- Associez, au besoin, un **Filtre**.
- Activez au besoin **Mettre en surbrillance**.

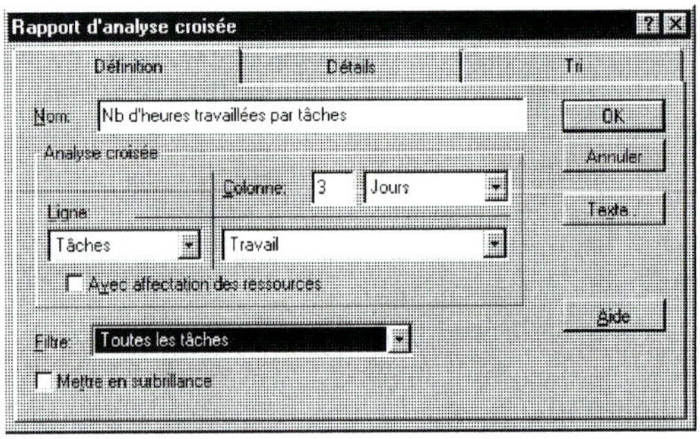

♦ Vous pouvez intervenir sur l'aspect des caractères grâce au bouton **Texte**.

♦ Par l'onglet **Détails** approfondissez votre demande.

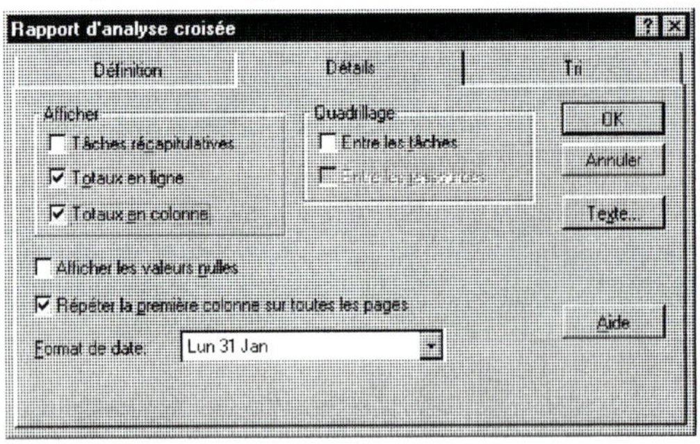

♦ Au besoin, activez un **Tri** dans l'onglet de même nom.

♦ Validez par **OK**.

♦ Choisissez d'**Imprimer** ou de lancer un **Aperçu**.

Personnaliser une mise en page

Il s'agit d'intervenir sur l'orientation de l'impression, sur les marges, l'encadrement des pages, les en-têtes et les pieds de page ou encore la légende.

- Lancez un aperçu de l'élément concerné.
- Cliquez sur le bouton **Mise en page**.

Le nombre d'onglets accessibles dépend de la nature de l'élément à imprimer ; certains contenus d'onglets aussi.

Modifier l'orientation des pages

- Activez l'onglet **Page**.
- Choisissez une **Orientation Portrait** ou **Paysage**.

Modifier les marges

- Activez l'onglet **Marges**.
- Intervenez dans les zones **Haut**, **Bas**, **Gauche**, **Droite**.

Modifier l'encadrement des pages

- Accédez à l'onglet **Marges**.
- Travaillez sur le cadre **Encadrement**.

Modifier les en-têtes/pieds de page

- Activez l'onglet **En-tête** ou l'onglet **Pied de page**.
- Activez ensuite l'**Alignement** adéquat.
- Entrez le contenu associé, au besoin, aux boutons suivants :

 Police

 Numéro de page

 Nombre total de pages

 Date système

 Heure système

 Nom du fichier

ou à un des éléments de la liste déroulante placée dessous.

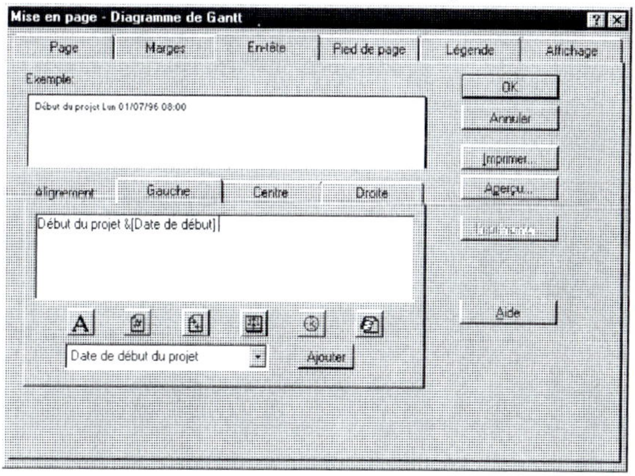

Modifier la légende

- Activez l'onglet **Légende**.
- Pour définir l'en-tête global de la légende, procédez comme pour une création d'en-tête ou de pied de page.
- Définissez le lieu d'apparition de cette légende par le cadre **Légende sur**.

Modifier le contenu de l'impression

- Activez l'onglet **Affichage**.
- Affinez le choix du contenu par les options présentées sur l'onglet.

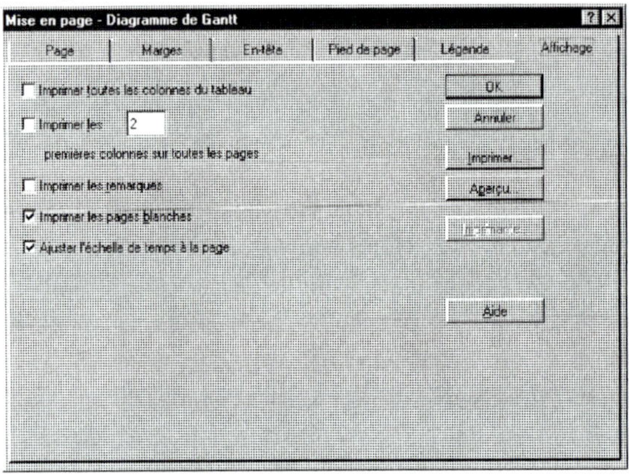

.... *Notes personnelles*....................

Travailler en temps écoulé et non en temps ouvré

♦ Au lieu d'utiliser les codes "m" (minutes), "h" (heures), "j" (jours) et "s" (semaines), préférez les codes "me" (minutes écoulées), "he" (heures écoulées), "je" (jours écoulés) et "se" (semaines écoulées).

Ces codes peuvent être utilisés pour toute saisie de durée.

Découvrir le mode Plan

*Afin de simplifier le travail, des tâches, appelées **tâches subordonnées**, peuvent être regroupées dans une tâche générale appelée **tâche récapitulative**. Ces notions relèvent du mode Plan.*

Élaborer le plan d'un projet

♦ Créez la tâche récapitulative et, juste au-dessous, listez les tâches subordonnées sans intercaler d'autres tâches.

♦ Par la technique du cliqué-glissé, sélectionnez les tâches subordonnées.

♦ Cliquez sur le bouton **Abaisser** ( ).

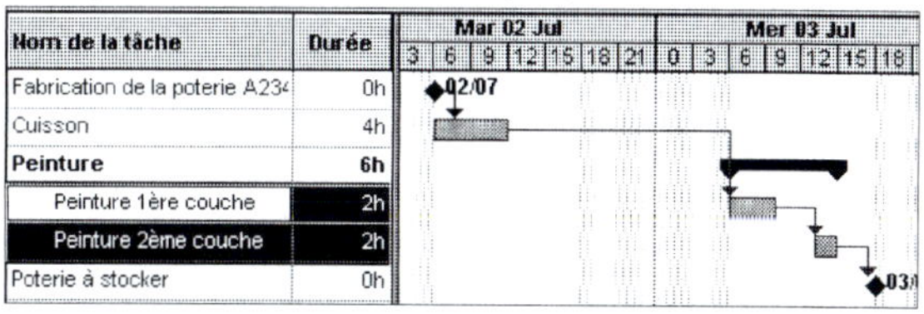

*Les tâches subordonnées paraissent en retrait dans la colonne **Nom de la tâche**.*

*La tâche récapitulative est formatée en gras. Sa durée et ses dates de début et de fin sont calculées automatiquement par Project. Sa représentation dans le **Planning du Gantt** est nouvelle.*

❑ *Seul le nom d'une tâche récapitulative peut être modifié ; tout le reste ne peut qu'être calculé par Project.*

❑ *Englober une tâche récapitulative dans une autre tâche récapitulative ne pose aucun problème à Project tant que vous ne dépassez pas 10 niveaux.*

Réhausser une tâche

♦ Cliquez dans la tâche subordonnée à rehausser.

♦ Cliquez sur le bouton **Hausser** ( ).

Réduire/développer des tâches subordonnées

♦ Pour réduire un plan par rapport à une tâche précise, cliquez dans la tâche récapitulative concernée puis sur le bouton **Masquer les tâches subordonnées** ( ).

Les tâches subordonnées sont instantanément masquées.

- Pour afficher de nouveau les subordonnées d'une tâche récapitulative précise, cliquez sur la tâche et sur le bouton **Afficher les tâches subordonnées** ( ).
- Pour masquer <u>toutes</u> les tâches subordonnées d'un projet, ouvrez la liste **Filtre** et choisissez l'option **Tâches de haut niveau**.
- Inversement, pour afficher de nouveau, <u>toutes</u> les subordonnées, ouvrez une seconde fois la liste **Filtre** et, choisissez **Toutes les tâches**.
- Enfin, pour n'afficher que les tâches récapitulatives d'un projet, ouvrez la liste **Filtre** et cliquez sur **Tâches récapitulatives**.

La réduction et le développement des tâches subordonnées d'une tâche récapitulative précise peut aussi être fait par un double clic dans la tâche récapitulative.

<u>Ouvrir la boîte des informations des tâches récapitulatives</u>

- Sélectionnez la tâche récapitulative concernée.
- Cliquez sur le bouton **Informations** ( ).

  Cette technique peut être utilisée pour toutes les tâches.

<u>Déplacer un groupe de tâches organisées en plan</u>

- Réduisez la tâche récapitulative qui regroupe les tâches à déplacer.
- Déplacez la tâche récapitulative.

Renseigner la date de début du projet

- **Fichier**
  Informations sur le projet

  Sauf intervention de votre part, les projets sont évalués par rapport à la date de début et les tâches commencent le plus tôt possible.

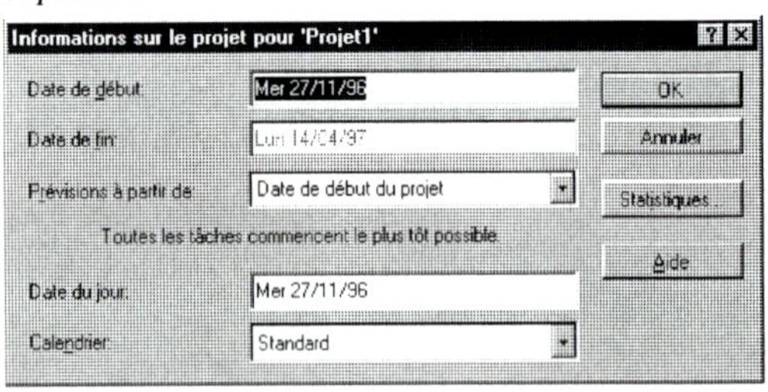

- Vérifiez que vous êtes en **Prévisions à partir de : Date de début du projet**.
- Tapez la **Date de début**.
- Validez par **OK**.

❑ *La date de fin est, bien évidemment, calculée en fonction des liaisons établies entre les tâches.*

Renseigner la date d'avancement du projet

Sauf intervention expresse de votre part, la date d'avancement proposée est la date du jour de votre micro-ordinateur.

- Si cela ne reflète pas la réalité, ouvrez le menu **Fichier - Informations sur le projet**.
- Accédez à la zone **Date du jour** et tapez la date de l'avancement.
- Validez par **OK**.

*La date du jour (automatique ou saisie manuellement) apparaît dans le **Planning du Gantt**.*

Les tâches situées sur sa gauche devraient être terminées (c'est le passé), celles traversées par la date du jour devraient être en cours (c'est le présent) et celles sur sa droite ne devraient pas être commencées (c'est le futur).

❑ *Renseigner manuellement la date du jour pour la technique évoquée, est une manipulation ponctuelle. Si le fichier est fermé puis ouvert de nouveau, Project reprend la date de votre micro !*

Planifier par la date de fin

- **Fichier**
  Informations sur le projet
- Ouvrez la liste **Prévisions à partir de** et, choisissez l'option **Date de fin du projet**.

Project signale que dans ce cas, toutes les tâches commencent le plus tard possible.

*La zone **Date de début** n'est plus accessible.*

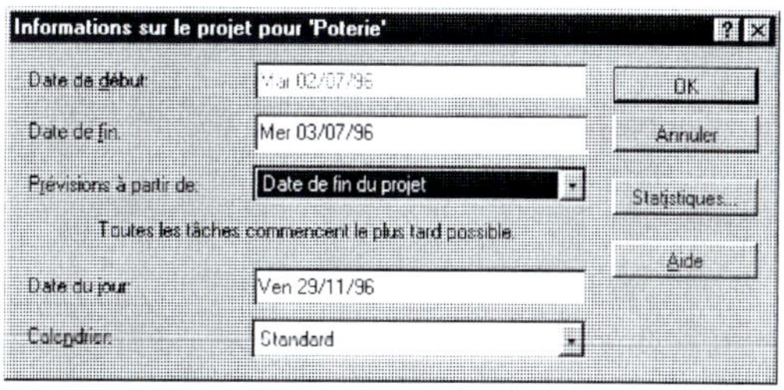

- Remplacez alors la **Date de fin**.
- Validez par **OK**.

Toutes les tâches sont devenues critiques. Ceci est logique puisqu'elles commencent le plus tard possible !

Enregistrer la planification initiale

Lorsque les prévisions ont été clairement établies et avant que le projet ne rentre en phase d'exécution, il est important de définir une planifiaction initiale qui vous permettra d'établir des comparaisons lors du suivi du projet entre les prévisions et les réalisations.

Au cours de cet enregistrement, Project va procéder à la recopie de nombreuses informations parmi lesquelles :

Origine	Destination de la copie
Durée	Durée planifiée
Début	Début planifié
Fin	Fin planifié

La planification initiale peut être refaite autant de fois que nécessaire afin de tenir compte d'importants changements.

Sans planification initiale, Project n'accepte aucun suivi.

♦ **Outils**
Suivi
Enregistrer la planification initiale

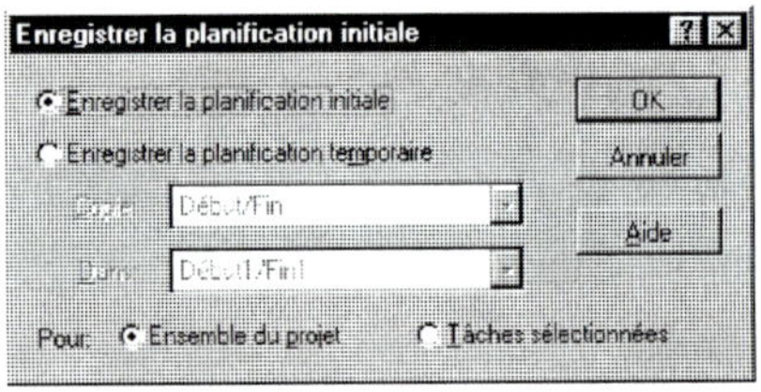

♦ Conservez actives les options **Enregistrer la planification initiale** et **Ensemble du projet**.

♦ Validez par **OK**.

Enregistrer une planification temporaire

En cours de réalisation d'un projet et lorsqu'une planification initiale a été enregistrée, faites :

♦ **Outils**
Suivi
Enregistrer la planification initiale

♦ Activez l'option **Enregistrer la planification temporaire**.

♦ Précisez quels champs doivent avoir une **Copie**.

♦ Choisissez alors **Dans** quels champs doivent porter les copies.

♦ Validez par **OK**.

❑ *Cinq planifications temporaires peuvent ainsi être mémorisées.*

Suivre l'avancement d'un projet

- Le suivi de l'avancement n'est possible que si vous avez défini une planification initiale.
- Pour les projets pilotés uniquement par les tâches, le suivi est très succinct : vous ne comparez que les dates prévues et les dates réalisées ainsi que les différences de durées.
- Avec des projets plus sophistiqués, le suivi peut être très détaillé : comparaison des heures travaillées, des coûts...
- Faire un suivi permet de repérer les variations, d'intervenir avant que les problèmes ne deviennent critiques et d'augmenter sa base de connaissances personnelles.

Afficher la table des planifications des tâches

- **Affichage**
  Table
  Plus de tables...
- Double cliquez sur **Planifié**.

  *Outre les trois informations **Durée planifiée**, **Début planifié**, **Fin planifiée**, notez la présence de **Travail planifié** et **Coût planifié**.*

Consulter les différentes planifications

- Ce type de consultation n'existant pas en standard, vous devez créer une table :
  Affichage
  Table
  Plus de tables
- Cliquez sur le bouton **Créer**,
  Saisissez un **Nom**,
  Activez, si besoin, l'option **Visible dans le menu**
  Insérer les colonnes de votre choix.

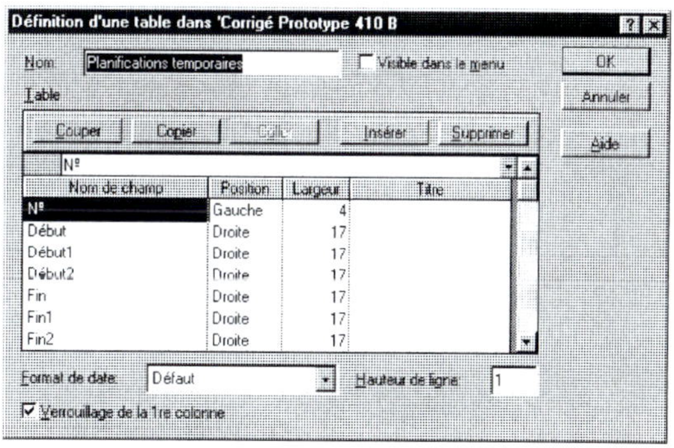

- Validez par **OK** et acceptez de l'**Appliquer**.

Suivre le travail global réalisé sur les tâches

♦ Affichez la table relative au travail.

Lors de l'enregistrement de la planification initiale, Project a copié les informations ***Travail*** *dans le champ* ***Travail planifié****.*

♦ Faites défiler la liste pour visualiser la colonne **% T. achevé**.

Project n'actualise ce champ que pour les tâches terminées !

♦ Renseignez les informations connues sur le travail réellement effectué en tenant compte de cette règle :
Pour les travaux entièrement terminés :

- si le travail réel est supérieur au travail planifié, saisissez cette donnée dans la colonne **Réel**.
- s'il est inférieur, saisissez-le dans la colonne **Travail**.

Utiliser la carte horaire pour le suivi du travail

Vous pouvez rencontrer le problème suivant : lors de la communication des rapports d'activité, les feuilles sont souvent nominatives et non par tâche. Sur chaque feuille, il est donc fréquent que les ressources évoquent plusieurs tâches. Cela vous oblige à appeler une à une les différentes tâches afin de renseigner le travail réel. Ceci est relativement long et fastidieux.
Si vous possédez ce système de communication des résultats, adoptez le principe de la carte horaire.

♦ Cliquez sur le bouton **Mettre à jour les ressources** ( ) de la barre d'outils **Suivi**.

Project commence par initialiser la carte horaire. Puis la boîte de dialogue suivante est proposée :

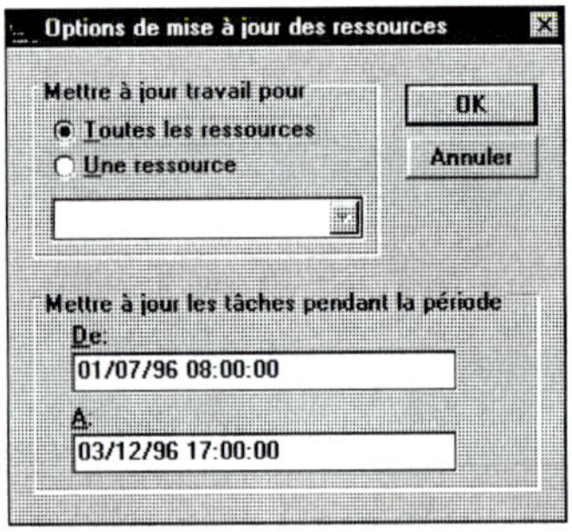

♦ Choisissez de **Mettre à jour le travail pour : Toutes les ressources** ou **Une ressource**.

♦ Précisez l'intervalle de temps du suivi par le cadre **Mettre à jour les tâches pendant la période**.

♦ Validez par **OK**.

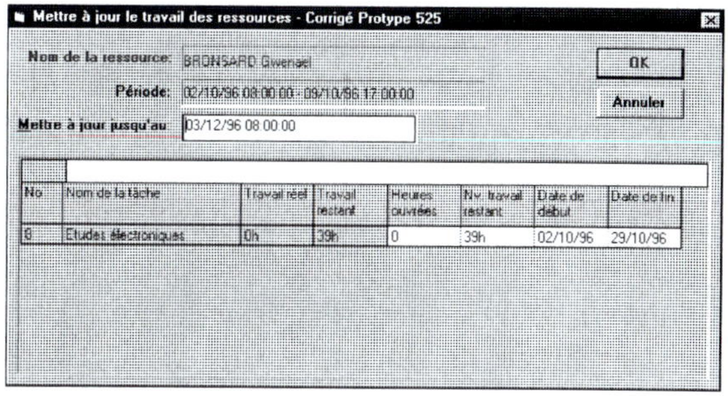

- Saisissez la date de communication du rapport d'activité dans la zone **Mettre à jour jusqu'au**.
- Renseignez les quatre champs suivants : **Heures ouvrées**, **Nv Travail restant**, **Date de début**, **Date de fin**.
- Validez par **OK**.

❑ *Utiliser le système de la carte horaire peut entraîner une dissociation de la mise à jour des tâches et des ressources. Pensez à ré-activer l'association selon vos besoins.*

Faciliter l'examen du travail réalisé sur un projet

- Affichez un Gantt associé à la table **Travail**.
- **Fenêtre**
  Fractionner
- Cliquez avec le bouton DROIT dans la fiche visualisée et optez pour la fiche **Travail de la ressource**.
- Sélectionnez dans la partie Gantt la tâche à étudier.

  *Lors de la planification initiale, chaque champ **Travail** a été copié dans un champ **Travail planifié**.*

.... Notes personnelles ....

Découvrir les coûts d'un projet

- ♦ Les coûts représentent un aspect important des prévisions et du contrôle d'un projet.
- ♦ Les considérations de coût peuvent déterminer la rapidité d'exécution des tâches ainsi que la manière dont les ressources sont utilisées.
- ♦ La comparaison des coûts de fin de projet et des coûts prévus est une mesure du succès du projet.
- ♦ Project peut gérer des coûts liés aux tâches et liés aux ressources.

Renseigner les coûts liés aux tâches

- ♦ Soyez en affichage des tâches.
- ♦ **Affichage**
  Table
  Coût

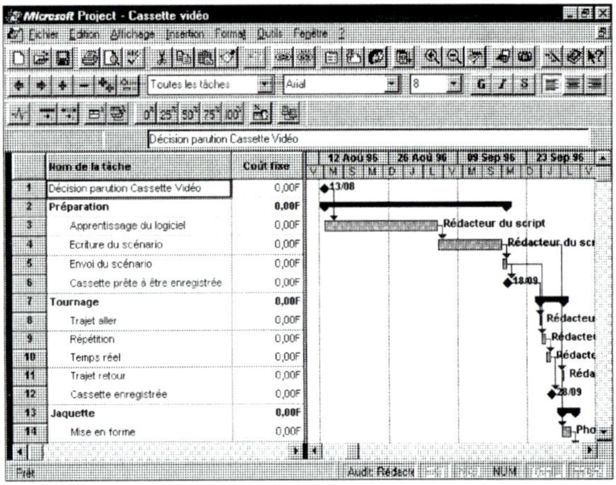

*Le seul champ pouvant être utilisé pour les tâches est le champ **Coût fixe**.*

Ce coût reste constant quelle que soit la durée de la tâche ou le travail réalisé.

Il est parfois appelé coût forfaitaire.

- ♦ Renseignez le coût des tâches dans la colonne **Coût fixe**.
- ♦ Par curiosité, déplacez-vous en colonne suivante.

*Le champ calculé **Coût total** intègre les coûts fixes des tâches.*

Saisir les coûts liés aux ressources

- ♦ Affichez le tableau des ressources par **Affichage - Tableau des ressources**.

La table Entrée est affichée.

♦ Utilisez les champs **Coût standard**, **Heures sup.**, **Coût/Utilisation** et **Affectation** pour saisir les différents coûts liés aux tâches.

*Le **Coût standard** est le coût horaire de base.*

*Le champ **Heures sup.** est la valeur de l'heure supplémentaire réalisée par la ressource.*

*Le champ **Coût/utilisation** est le coût d'usage fixe de chaque unité de la ressource. Ce montant est ajouté chaque fois qu'une unité de la ressource est affectée à une tâche.*
Il s'agit d'une somme forfaitaire indépendante de la durée d'utilisation de la ressource.

*Le champ **Affectation** est la méthode de comptabilisation des dépenses :*

Début *dépenses comptabilisées dès que la tâche démarre.*

Fin *les dépenses ne sont comptabilisées que lorsque le travail restant est égal à zéro.*

Proportion *les coûts sont affectés au fur et à mesure que le travail est censé être effectué selon les prévisions.*

Coût standard	Heures sup.	Coût/Utilisation	Affectation
64,00F/h	80,00F/h	0,00F	Proportion
0,00F/h	0,00F/h	0,00F	Proportion
70,00F/h	87,50F/h	0,00F	Proportion
0,00F/h	0,00F/h	500,00F	Fin

*Par défaut, Project propose des coûts de ressources à zéro. Si vous détectez dans votre projet un coût standard, renseignez-le par **Outils - Options** onglet **Généralités**. Utilisez la zone **Taux standard par défaut** pour le taux horaire et la zone **Taux heures sup. par défaut**. Ces changements ne concerneront que les ressources créées après cette manipulation.*

Produire le cash-flow

Cette impression vous permet d'analyser facilement :

- *les coûts par tâche et par semaine.*
- *le total des coûts par semaine toutes tâches confondues.*
- *le total des coûts par tâche (= champ **Coût total** des tâches).*
- *le coût global du budget.*

Project part du coût total de la tâche, il le divise par la durée de la tâche et il multiplie ce montant par la durée de la tâche sur la semaine.

♦ **Affichage**
Rapports

♦ Double cliquez dans la catégorie **Coûts** puis dans **Cash-flow hebdomadaire**.

- Choisissez d'**Imprimer** puis cliquez sur **OK**.
- Quittez la sélection des catégories par le bouton **Annuler**.

Connaître les dépenses issues d'une ressource

Par un graphe

- **Affichage**
  Graphe ressources

  *Par défaut, le graphe affiché concerne les **Unités de pointe** de la ressource 1. Il est de type journalier.*
- Cliquez avec le bouton DROIT dans la partie droite de l'écran.

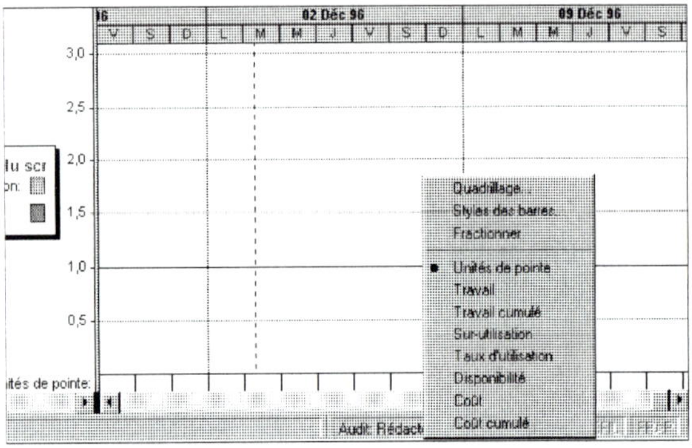

- Choisissez l'option **Coût cumulé**.
- Modifiez le fractionnement de la fenêtre afin de retrouver le nom de la ressource dans la partie gauche de l'écran.
- Réalisez un zoom approprié afin de mieux percevoir le graphe.

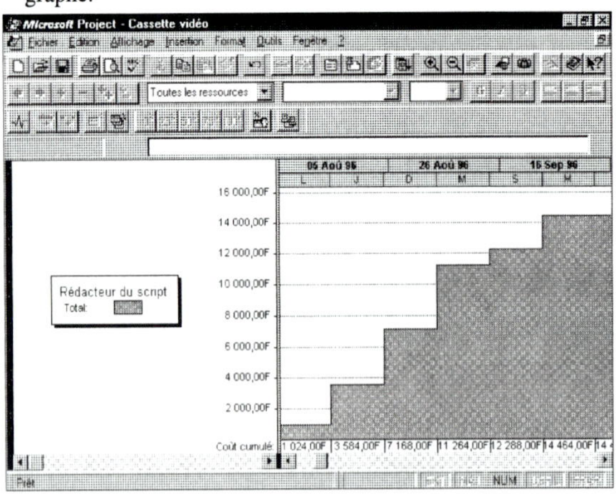

- Pour changer de ressource, ouvrez la liste **Filtre**, sélectionnez **Plage de ressources**.
  Entrez alors le numéro de la ressource dans les deux zones de saisie.
  Validez par **OK**.

Par un cash-flow personnalisé

- **Affichage**
  Rapports
- Double cliquez dans la catégorie **Personnalisé**.

Pour le créer :

- Sélectionnez **Cash-flow hebdomadaire** dans la liste.
- Cliquez sur le bouton **Copier**.
- Saisissez le **Nom** du futur rapport.
- Ouvrez la liste **Ligne** et sélectionnez **Ressources**.
- Ouvrez la liste **Filtre** et choisissez l'option **Toutes les ressources**.

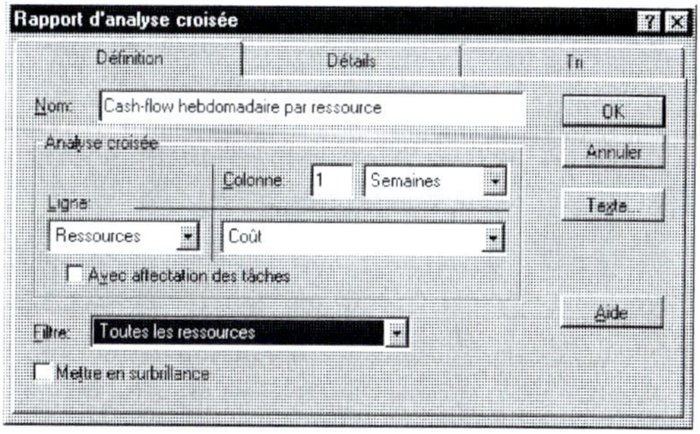

- Validez par **OK**.

Pour l'utiliser :

- Sélectionnez-le dans la liste **Rapports**.

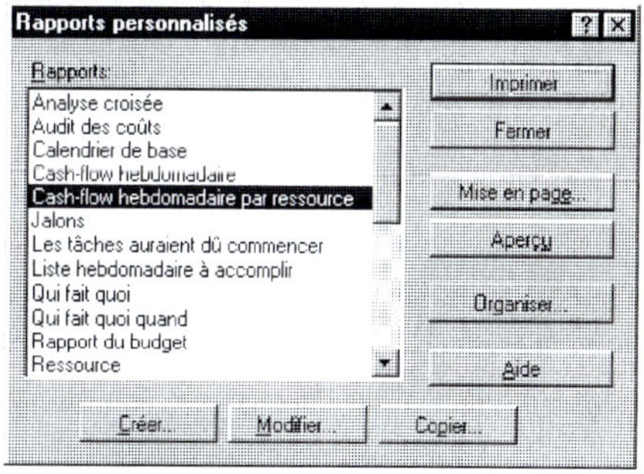

- Choisissez l'option **Imprimer** ou **Aperçu**.

Découvrir la table audit des coûts

L'afficher

- Limitez la visualisation à la partie table par **Affichage - Plus d'affichage - Tableau des tâches - Appliquer**.

  Ceci n'est pas indispensable mais permet d'utiliser au mieux l'espace disponible.

- **Affichage**
  Table
  Plus de tables
- Double cliquez sur **Audit des coûts**.

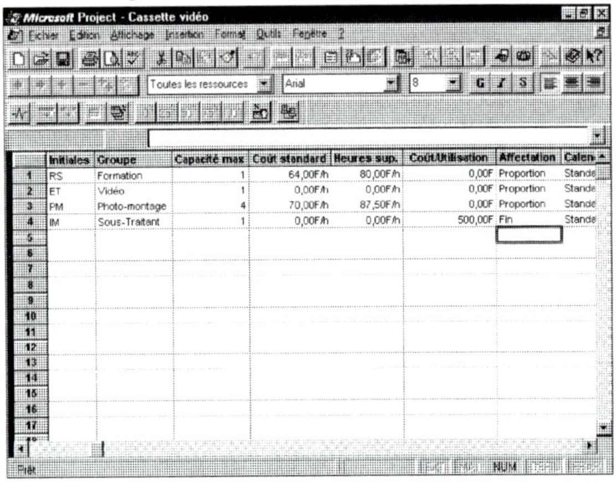

L'imprimer

- **Affichage**
  Rapports
- Double cliquez dans la catégorie **Coûts** puis sur **Audit des coûts**.

Examiner les colonnes de l'audit des coûts

- La colonne **FAC** (Forecast At Completion) représente le coût total de la tâche. Si vous le souhaitez, comparez-la à la colonne "Total" du Cash-flow hebdomadaire.
- Si vous enregistrez la planification initiale du projet par **Outils - Suivi - Enregistrer la planification initiale - OK**, la colonne FAC est copiée dans la colonne BAC (Budgeted At Completion) qui correspond au champ **Coût planifié**.

CBTP	CBTE	CRTE	VS	VC	BAC	FAC
0,00F	0,00F	0,00F	0,00F	0,00F	0,00F	0,00F
5 174,28F	**0,00F**	**0,00F**	**(5 174,28F)**	**0,00F**	**14 373,00F**	**14 373,00F**
5 614,40F	0,00F	0,00F	(5 614,40F)	0,00F	9 680,00F	9 680,00F
0,00F	0,00F	0,00F	0,00F	0,00F	4 658,00F	4 658,00F
0,00F	0,00F	0,00F	0,00F	0,00F	35,00F	35,00F
0,00F	0,00F	0,00F	0,00F	0,00F	0,00F	0,00F

*Le champ **CBTP** est le Coût Budgété du Travail Prévu à une date d'avancement considérée. C'est la part du Budget qui* *aurait du être réalisée s'il l'on avait travaillé en conformité avec la planification initiale. CBTP=% achevé planifié*BAC.*

Attention, Project fait le calcul sur les durées écoulées et non sur les durées travaillées !

- La colonne **CBTE** est le Coût Budgeté du Travail Effectué. CBTE = % achevé * BAC.
- La colonne **CRTE** est le Coût Réel du Travail Effectué ; il représente le coût réel des tâches.
- Le champ **VS** (earned Value Schedule variance) est la variation de planning.
  VS = CBTE-CBTP.
- Le champ **VC** (earned Value Cost variance) est la variation de budget.
  VC = CRTE - CBTE.
- Le champ **Variation** est la différence entre le coût réel et le coût prévu.

Corriger les coûts

Certains coûts ne reflètent pas la réalité.

- S'il s'agit du coût fixe d'une tâche, revenez dans la table **Coût** et renseignez-le dans la colonne **Coût fixe**.
- S'il s'agit d'un coût lié aux ressources, renseignez-le dans le **Tableau des ressources** avant de procéder au suivi du travail de la ressource.

Modifier le format des coûts

- **Outils**
  Options
- Activez l'onglet **Affichage**.
- Réalisez vos modifications dans les trois zones **Monnaie**.

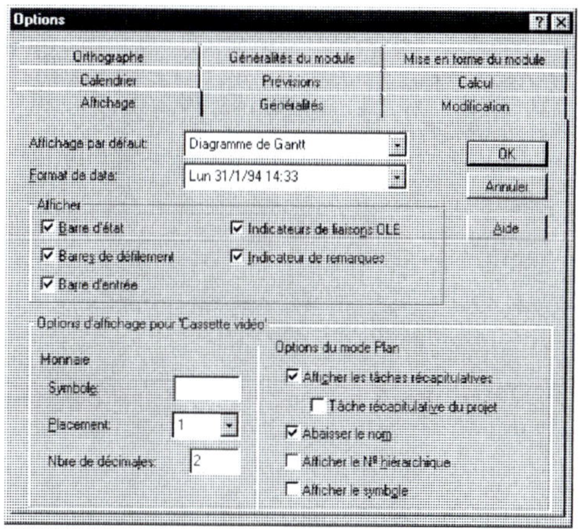

- Validez par **OK**.

Notes personnelles

Tirer partie du diagramme de Gantt

L'afficher

♦ **Affichage**
Diagramme de Gantt

La partie gauche affiche une table (par défaut, la ***Table Entrée****) et, la partie droite, le* ***Planning****.*

Se déplacer sur le diagramme de Gantt

♦ Pour vous déplacer sur la partie **Table**, consultez les possibilités ci-après :

[Ctrl] [↖]	Première colonne de la première tâche.
[Ctrl] [Fin]	Dernière colonne de la dernière tâche.
[↖]	Première colonne de la ligne en cours.
[Fin]	Dernière colonne de la ligne en cours.
[Ctrl] [Pg Up]	Page écran de gauche.
[Ctrl] [Pg Dn]	Page écran de droite.
[Pg Dn]	Page écran du bas.
[Pg Up]	Page écran du haut.

♦ Dans la partie **Planning**, recherchez la période de temps de votre choix en faisant glisser l'ascenseur de la barre de défilement horizontale.

♦ Pour afficher la barre d'une tâche précise, sélectionnez la tâche dans la partie de gauche et cliquez sur le bouton **Atteindre la tâche sélectionnée** ( ).

Ce bouton permet de visualiser le début de la barre de la tâche.

♦ Lorsque vous travaillez sur des grands projets, retrouvez aisément une tâche précise par :

Edition ♦ [Ctrl] **T**
Atteindre

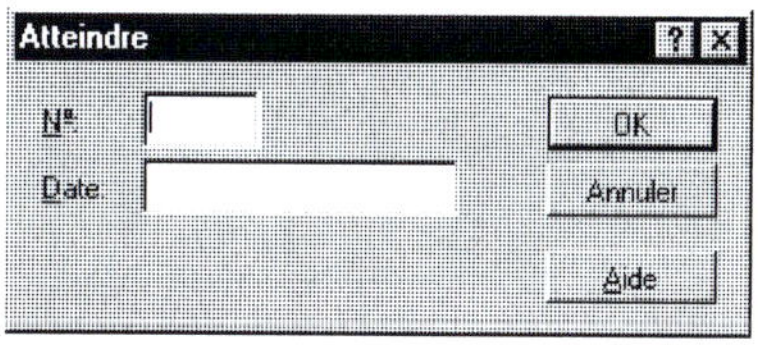

Tapez alors le **N°** de la tâche et validez par [Entrée].

Cette technique génère un double déplacement : dans la ***Table*** *et dans le* ***Planning****.*

Zoomer le Gantt

♦ Utilisez les boutons **Zoom avant** ( ) et **Zomm arrière** ( ) ou le menu **Affichage - Zoom**.

♦ Indiquez alors la valeur du zoom attendue.

♦ Validez par **OK**.

Modifier l'échelle de temps du planning du Gantt

♦ **Format**
Echelle de temps

*Une **Echelle de temps** dans Project est composée d'une échelle principale (**Découpage principal**) ainsi que d'une éventuelle échelle secondaire (**Découpage secondaire**).*

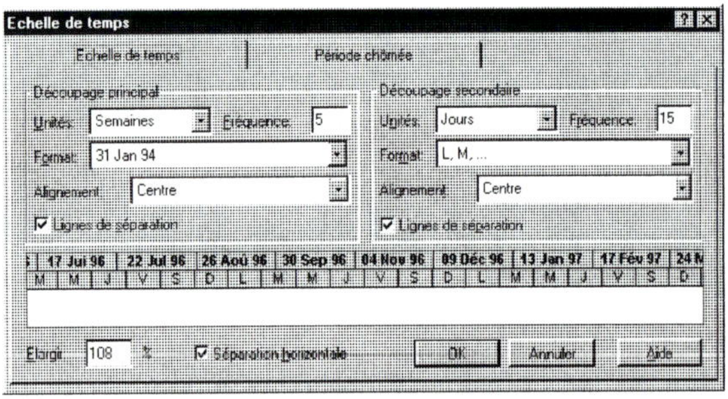

♦ Activez, au besoin, l'onglet **Echelle de temps**. Réalisez vos modifications pour le découpage approprié à l'aide des options suivantes :

Unités	Représente l'unité de temps à utiliser (Années, Trimestres, Mois, Semaines, Jours, Heures, Minutes). L'échelle secondaire de temps doit toujours être inférieure ou égale à l'échelle principale.
Fréquence	Indique la fréquence d'affichage de l'unité choisie.
Format	Précise comment afficher l'unité choisie. Par exemple, pour les jours, "Jour 1", "J 1", "1"...
Alignement	Indique si l'unité doit être centrée ou alignée à droite ou à gauche.
Lignes de séparation	Permet de séparer ou non les éléments de l'échelle de temps par des traits verticaux.

♦ Si vous le souhaitez, activez l'onglet **Période chômée** et réalisez vos modifications.

♦ Validez par **OK**.

❑ *Intervenir sur l'**Unité** et la **Fréquence** des découpages altère les valeurs de zoom et, inversement.*

Passer de la table Entrée à la table Prévisions

♦ Ouvrez le menu **Affichage**.

*L'option **Table : Entrée** est suivie d'une pointe de flèche qui signale la présence d'une liste.*

*Le texte qui suit **Table :** dépend de la table en cours d'affichage.*

♦ Pointez l'option **Table :**

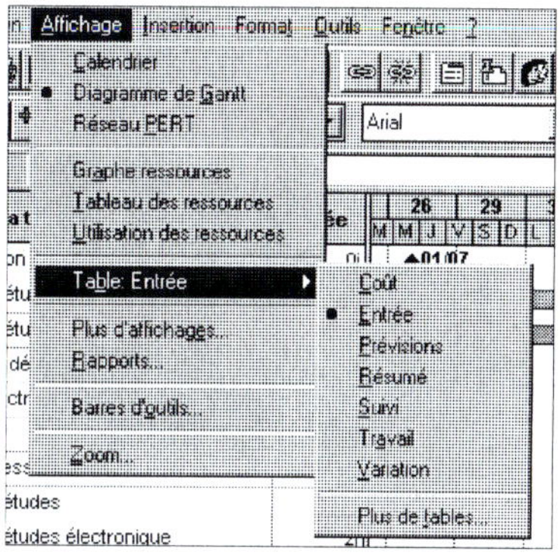

Project liste les tables les plus fréquemment utilisées en gestion de projets.

♦ Choisissez **Prévisions** ou **Entrée**.

❑ *L'avantage de la table **Prévisions** est qu'elle propose les informations **Marge libre** et **Marge totale**.*

	Marge libre	Marge totale
1	0j	0j
2	0j	0j
3	20j	20j
4	2j	2j
5	0j	0j
6	0j	0j

La MARGE LIBRE est la durée pendant laquelle on peut décaler une tâche, sans décaler d'AUTRES TÂCHES ; alors que la MARGE TOTALE est l'intervalle de temps pendant lequel on peut décaler une tâche sans décaler la DATE DE FIN DU PROJET.

Imprimer le diagramme de Gantt

♦ Commencez par un aperçu avant impression par le bouton 

Par défaut, Project imprime ce que vous voyez à l'écran : si une seule colonne est affichée, il n'imprime qu'une colonne !

♦ Pour imprimer toutes les colonnes de la table, cliquez sur le bouton **Mise en page** et, activez (au besoin) l'onglet **Affichage**.

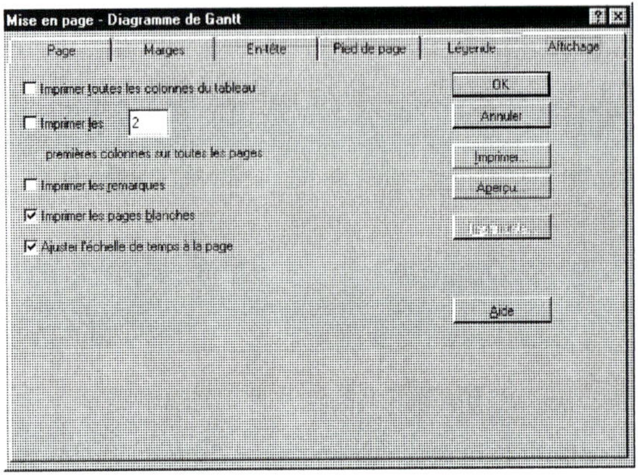

♦ Cochez le choix **Imprimer toutes les colonnes du tableau**.

♦ Vérifiez que l'option **Ajuster l'échelle de temps à la page** est activée.

♦ Validez par **OK**.

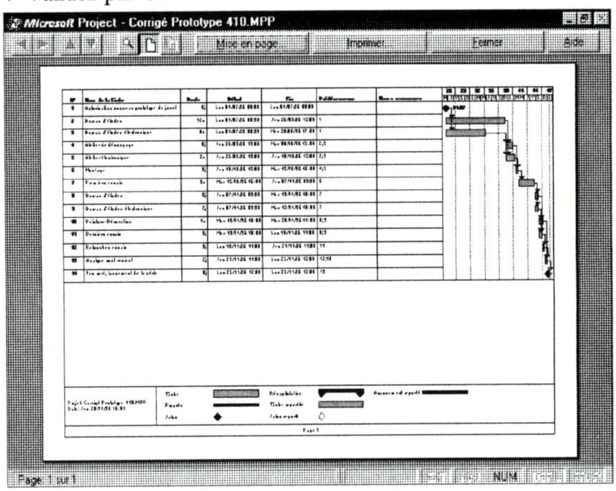

♦ Lancez l'impression par le bouton **Imprimer** puis par **OK**.

Limiter l'affichage à la partie table

♦ **Affichage**
Plus d'affichage

♦ Choisissez dans la liste, le type d'affichage souhaité, et cliquez sur **Appliquer**.

Ainsi, la partie planning n'est plus visualisée !

Visualiser la date du jour dans le planning du Gantt

- **Format**
  Quadrillage
- Dans la liste **Trait à modifier**, sélectionnez **Date du jour**.

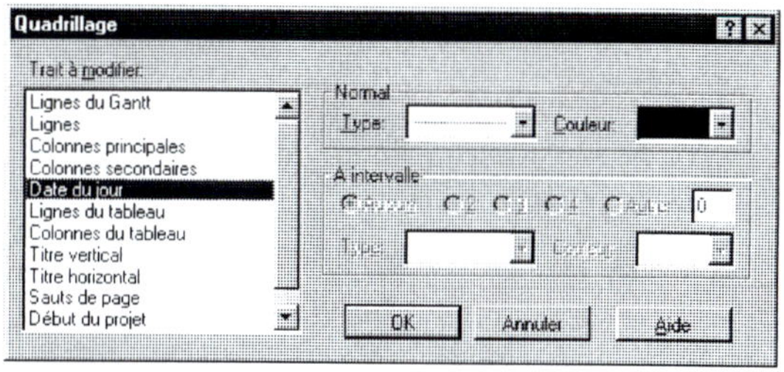

- Définissez la mise en évidence attendue par les options du cadre **Normal**.
- Validez par **OK**.

Afficher le % Travail achevé dans le Gantt suivi

- Soyez en affichage du Gantt suivi.
- **Format**
  Styles des barres
- Dans la colonne **Nom**, cliquez sur la ligne **Critique**.
- Activez alors l'onglet **Texte**.
- Cliquez dans la cellule vide située à côté de **Gauche**, ouvrez la liste du dessus et, sélectionnez le champ **% Travail achevé**.

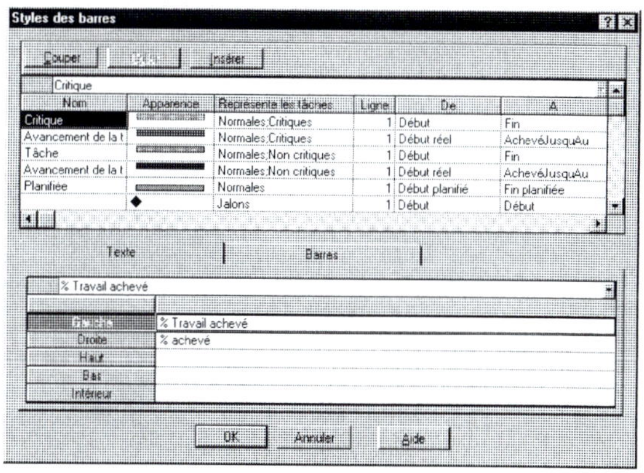

- Procédez de la même façon pour personnaliser les barres des tâches non critiques.
- Validez par **OK**.

Afficher les initiales des ressources dans le planning

- Soyez en affichage du Gantt concerné.
- **Format**
  Style des barres
- Dans la colonne **Nom**, sélectionnez la cellule **Nom Tâche**.
- Activez l'onglet **Texte**.
- Cliquez dans la cellule où apparaît **Noms ressources**.
- Ouvrez la liste du dessus et sélectionnez **Initiales de la ressource**.

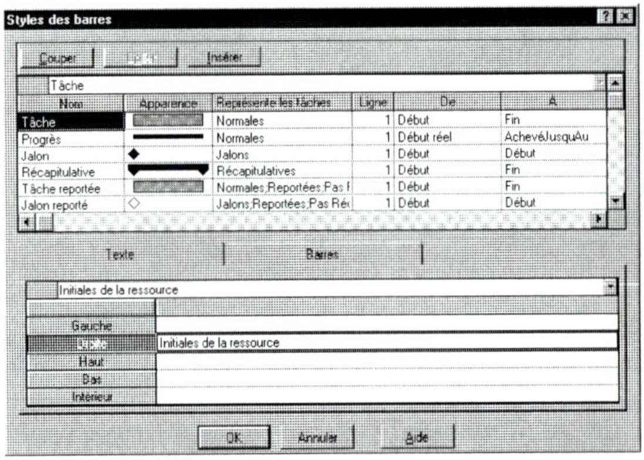

- Validez par **OK**.
  L'indication sur le nombre d'unités affectées a disparu.

Modifier le format des dates du planning du Gantt

- Soyez en affichage du Gantt concerné.
- **Format**
  Disposition
- Ouvrez la liste **Format de date pour les barres**.
  Project présente de multiples solutions.

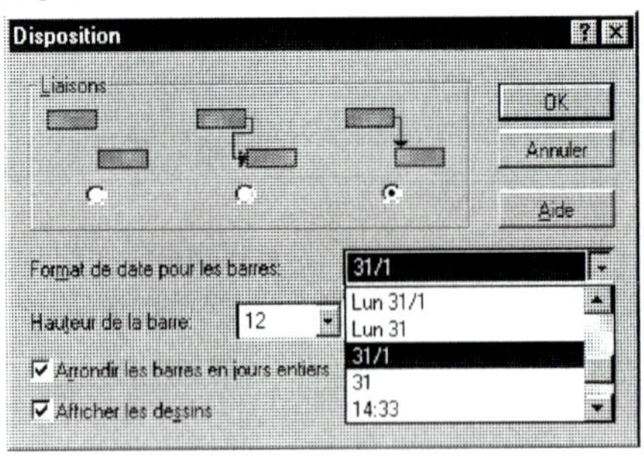

- Cliquez sur le format attendu.
- Validez par **OK**.

Personnaliser le planning du Gantt visualisé

Modifier l'échelle de temps

- **Format**
  Echelle de temps
- Sur l'onglet **Echelle de temps**, réalisez les personnalisations du découpage.
- Adaptez à votre guise, l'aspect de la **Période chômée**.
  - Indiquez le **Calendrier** à utiliser pour détecter les périodes chômées.
  - Choisissez la **Couleur** et le **Motif** d'apparition des périodes chômées.
  - Par le cadre **Affichage**, vous pouvez choisir de **Ne pas dessiner** ces périodes, de les mettre **Derrière** ou **Devant les barres de tâches**.

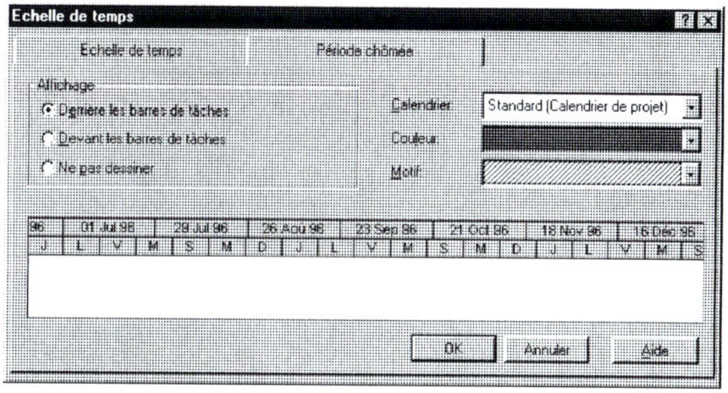

- Validez par **OK**.

Modifier les caractères

- **Format**
  Styles du texte
- Choisissez l'**Elément à modifier**.

  Les choix qui concernent le planning d'un Gantt sont : ***Echelle de temps (principale** et **secondaire)** et **Texte (gauche, droite, haut, bas)***.
- Modifiez **Police**, **Style**, **Taille**, **Couleur** pour l'élément sélectionné. Réalisez ces manipulations autant de fois que nécessaire sans quitter la boîte de dialogue.
- Validez par **OK**.

Modifier le quadrillage

- **Format**
  Quadrillage
- Sélectionnez le **Trait à modifier**.
- Définissez son aspect par le cadre **Normal** et sa périodicité (pour certains traits) par le cadre **A intervalle**.
- Reprenez ces manipulations pour chaque trait à modifier.
- Validez par **OK**.

Modifier l'aspect des barres

- **Format**
- Pour travailler sur une barre de tâche préalablement sélectionnée, choisissez **Barre**.

  Pour modifier un groupe de barres, choisissez **Styles des barres**.

  *La boîte **Styles des barres** liste un certain nombre de tâches différentes : Tâche, Jalon, Récapitulative... et rappelle leur présentation.*
- Pour modifier un groupe de tâches prévu par Project, cliquez dans la ligne du groupe et spécifiez l'apparence des barres par l'onglet **Barres** et l'emplacement et le contenu des textes affichés par l'onglet **Texte**.

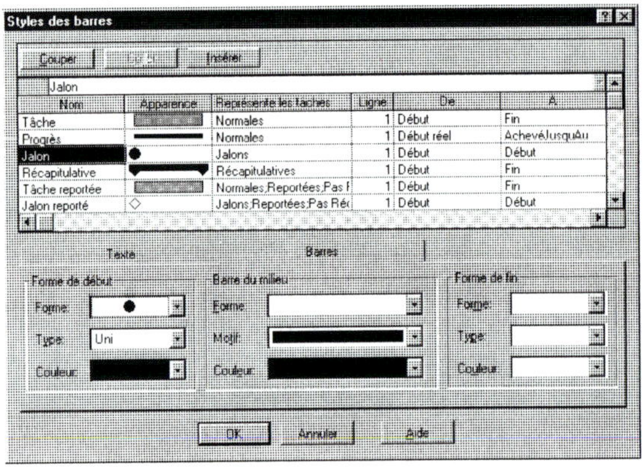

- Pour préciser un groupe de tâches non prévu par Project :
  - Cliquez dans la première cellule vide de la colonne **Nom**.
  - Attribuez un **Nom** au futur groupe de tâches.

  Ce nom est important, car il est repris sur la légende lors de l'impression.

  - Activez la cellule **Représente les tâches** de la ligne en cours et ouvrez la liste du dessus.
  - Sélectionnez alors la nature des tâches du groupe en cours de création.

  *Les seuls champs personnalisés qui peuvent être représentés différemment sur le Gantt sont les champs de type Oui/Non. Il est sous entendu que les tâches seront présentées autrement lorsque leur champ **Indicateur** est à "Oui".*

  Si vous souhaitez représenter des négations, utilisez le mot-clé "Pas".
- Si le groupe représente plusieurs tâches, utilisez le séparateur de liste point-virgule.
  - Précisez alors l'aspect de la barre et son contenu.

Modifier d'autres éléments

♦ **Format**
Disposition

Cette option propose des personnalisations très différentes les unes des autres.

♦ Modifiez les éléments de votre choix.

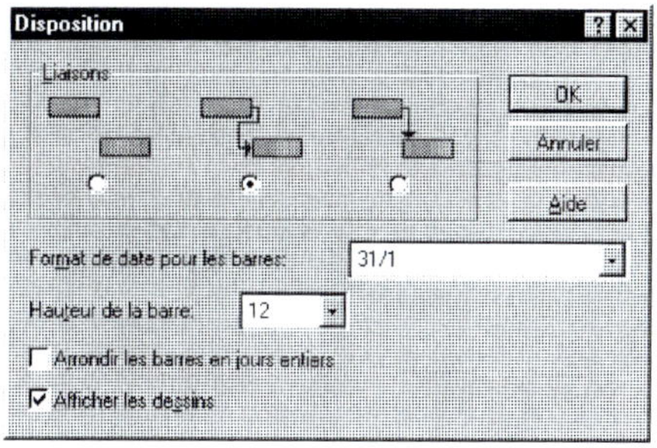

♦ Validez par **OK**.

. . . . *Notes personnelles* . . . .

Exploiter le réseau PERT

Afficher et comprendre le PERT

♦ **Affichage**
Réseau PERT

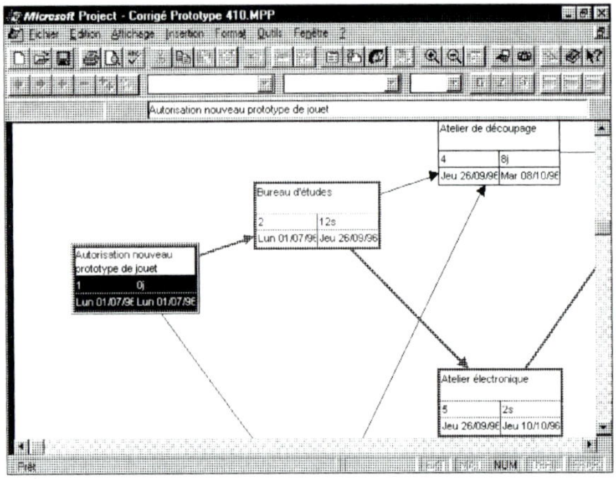

♦ Le réseau PERT représente chaque tâche par une boîte qui liste son nom, son numéro, sa durée, sa date de début, sa date de fin.

♦ Les boîtes des jalons sont encadrées par un trait double.

♦ Le chemin critique du projet est matérialisé par des boîtes encadrées en rouge.

Nous vous rappelons que tout changement dans les dates d'exécution des tâches situées sur le chemin critique a un effet immédiat sur la date de fin du projet.

♦ Le réseau PERT permet de bien visualiser les liens ; on parle aussi d'**ordonnancement** entre les tâches.

♦ Il permet ainsi de vérifier qu'aucun lien n'a été oublié ; logiquement chaque tâche (hormis la première et la dernière) doit avoir au moins un prédécesseur et un successeur.

Afficher différentes valeurs de zoom

♦ Utilisez les boutons **Zoom avant** () ou **Zoom arrière** ()

ou

♦ Utilisez le menu **Affichage - Zoom**.

♦ Indiquez la valeur de zoom attendue.

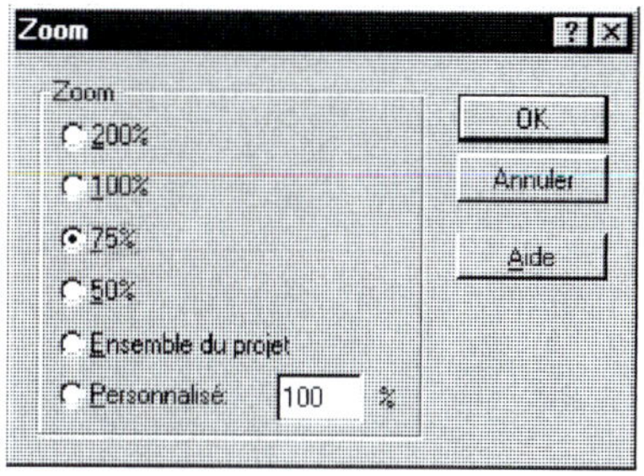

*Parmi les différentes options proposées, **Ensemble du projet** est intéressante pour les projets à court et moyen terme.*

♦ Validez par **OK**.

Les pointillés matérialisent les sauts de page qui seront réalisés à l'impression.

Déplacer des boîtes

♦ Déplacez le pointeur de la souris sur un bord de la boîte à déplacer.

♦ Vérifiez impérativement, que le pointeur devient une flèche noire à quatre têtes.

♦ Réalisez un cliqué-glissé.

Les flèches de liaison accompagnent le déplacement de la boîte.

Définir un lien de type fin à début

♦ Cliquez dans la boîte tâche prédécesseur.

♦ Vérifiez que le pointeur de la souris devient une croix blanche.

♦ Glissez vers la boîte tâche successeur.

Le cliqué-glissé génère une ligne.

♦ Relâchez la souris lorsque le cadre de la tâche successeur change d'aspect.

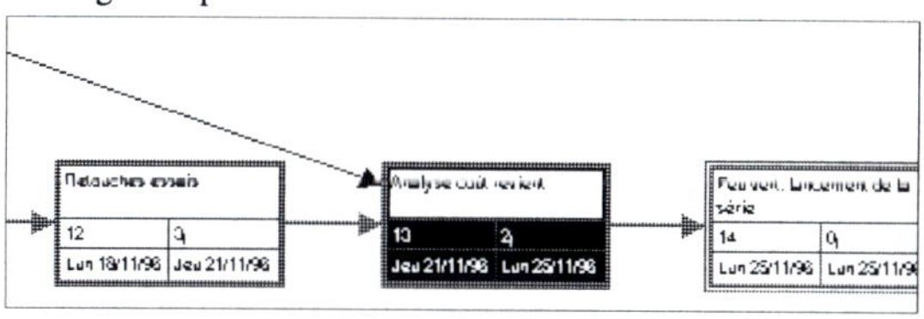

La liaison de type Fin à début est créée !

Se déplacer avec le clavier

♦ Revenez en visualisation des premières tâches par Ctrl ↖. Inversement, visualisez la dernière tâche par Ctrl Fin.

♦ Utilisez les flèches de direction pour sélectionner une autre boîte.

Personnaliser le PERT

♦ Pour aligner les boîtes horizontalement dans l'ordre chronologique, utilisez **Format - Réorganiser maintenant**.

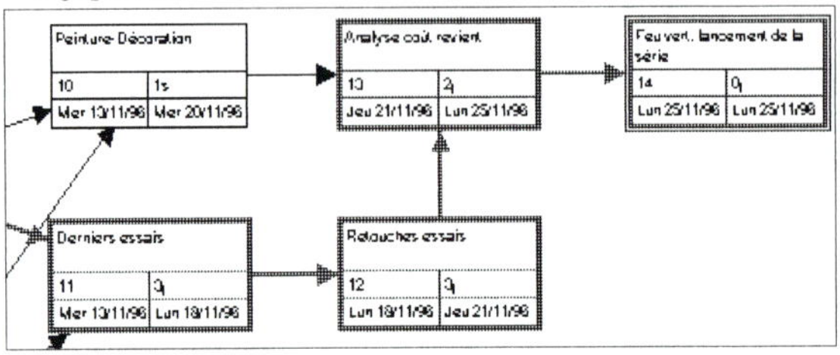

♦ Pour modifier l'aspect des flèches de liaison, utilisez **Format - Disposition**. Choisissez une des deux options du cadre **Liaisons**.

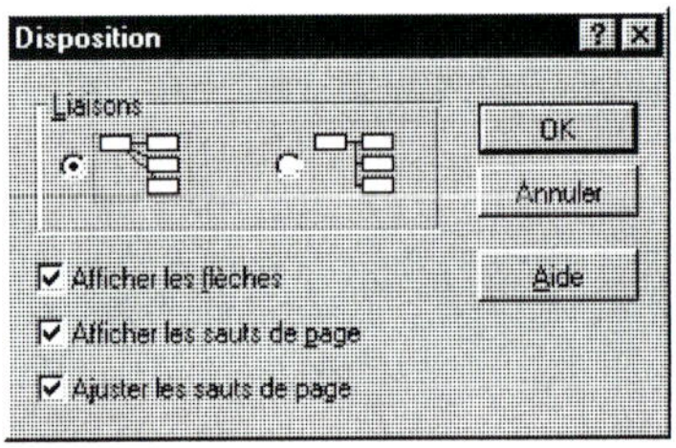

♦ Validez par **OK**.

Impression du PERT

♦ Avant de lancer une impression quelconque, prenez la précaution de vérifier le résultat par un **Aperçu avant impression** ( ).

Lors de l'aperçu, Project indique toujours à gauche de la barre d'état le nombre total de pages qui seront imprimées.

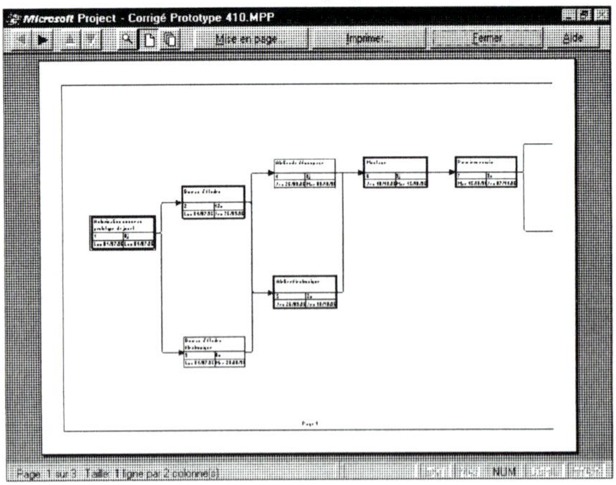

♦ Pour visualiser une autre page, utilisez les boutons  et .

♦ Afin de mettre en page la légende, cliquez sur le bouton **Mise en page** et activez l'onglet **Légende**. Dans le cadre **Légende sur**, sélectionnez l'emplacement de la légende.

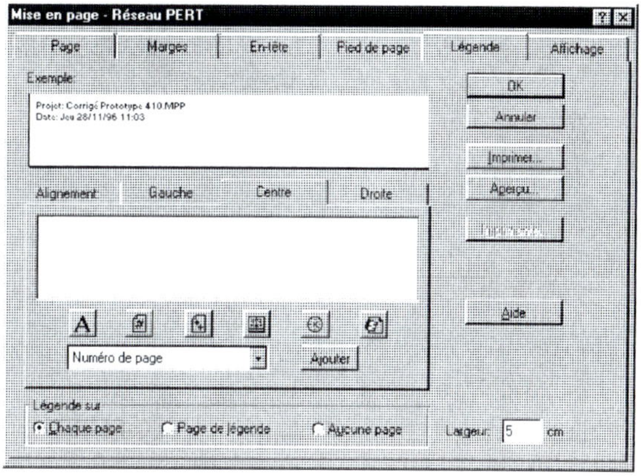

♦ Cliquez sur **OK**.

♦ Lancez l'impression par le bouton **Imprimer** et confirmez par **OK**.

. . . . *Notes personnelles* . . . .

Présenter le projet sous forme de calendrier

Lancer l'affichage

♦ **Affichage**
Calendrier

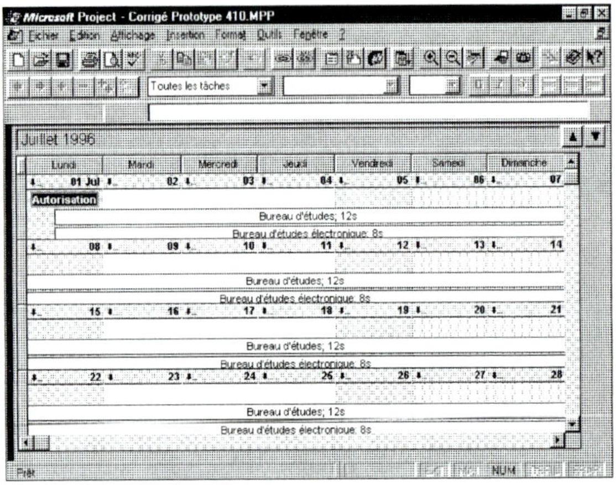

Le calendrier renseigne sur le nom du mois visualisé et, les semaines sont présentées en ligne.

Les jours chômés sont en gris clair et les jours à horaires particuliers en gris plus soutenu.

♦ Pour chaque tâche, une barre de tâche couvre les jours ou les semaines durant lesquels la tâche est prévue.
Cette barre est matérialisée par un encadrement bleu et elle informe sur le nom de la tâche et sa durée.

♦ Les jalons sont signalés par un fond noir et un nom de tâche écrit en blanc.

♦ La présence de flèches sous certains jours signale que plusieurs tâches ont lieu durant ces jours.

♦ Pour visualiser facilement le nom de ces tâches, double cliquez sur la flèche.

*Un tableau liste les **Noms** des tâches, leur **Durée**, leurs dates de **Début** et de **Fin**.*

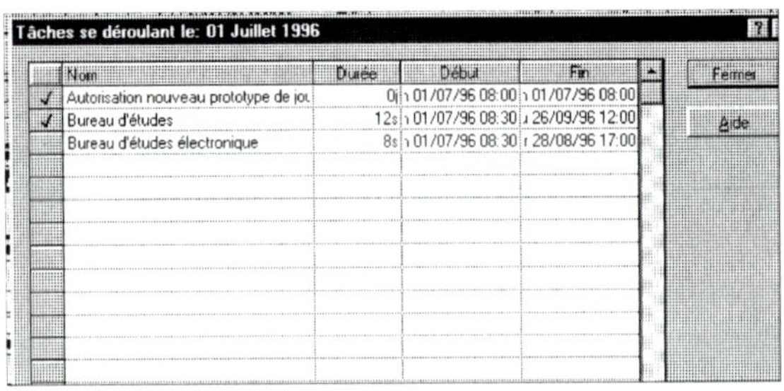
Tâches se déroulant le: 01 Juillet 1996

	Nom	Durée	Début	Fin
✓	Autorisation nouveau prototype de jou	0j	01/07/96 08:00	01/07/96 08:00
✓	Bureau d'études	12s	01/07/96 08:30	26/09/96 12:00
	Bureau d'études électronique	8s	01/07/96 08:30	28/08/96 17:00

Fermer
Aide

♦ Quittez son affichage par le bouton **Fermer**.

Choisir le mois

- Déplacez-vous de mois en mois par les boutons ▼ et ▲.
- Utilisez l'ascenseur de la barre de défilement verticale qui, au cours du cliqué-glissé, propose des plages de date.

Modifier le zoom d'affichage

- Comme dans le diagramme de Gantt ou dans le réseau PERT, vous pouvez utiliser les boutons et ou le menu **Affichage** - **Zoom**.

Les valeurs de zoom sont très différentes de celles du PERT, elles sont entièrement tournées vers la notion de temps.

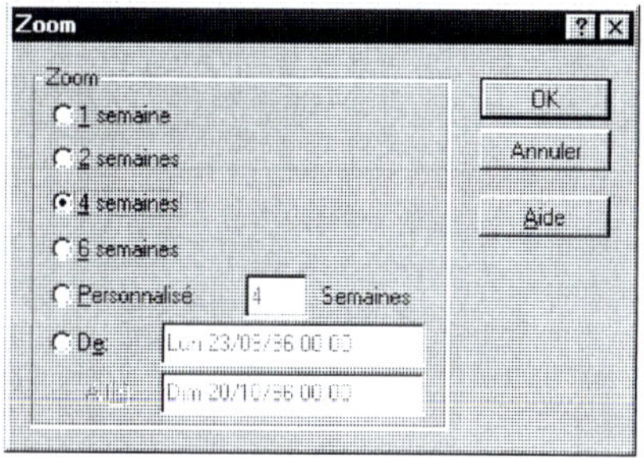

- Choisissez alors votre valeur de zoom.
- Cliquez sur **OK**.

Modifier l'échelle de temps du calendrier

- **Format**
  Echelle de temps

*L'onglet **Intitulés de la semaine** concerne le contenu du calendrier et le format des titres affichés.*

- Sur l'onglet **Intitulés de la semaine**, dans le cadre **Affichage**, choisissez le nombre de jours à afficher par semaine.
- Dans la liste **Titres hebdomadaires**, choisissez le format des titres des lignes de la semaine dans l'affichage Calendrier.

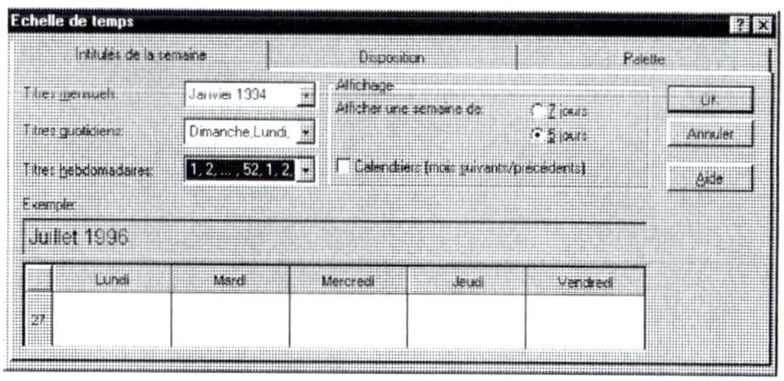

*Le cadre **Exemple** est une aide précieuse lors de ces changements.*

♦ Validez par **OK**.

Imprimer le calendrier

♦ Lancez un aperçu grâce au bouton .

Cette impression aura autant de pages que de mois concernés par le projet.

♦ Pour diminuer le nombre de pages, cliquez sur le bouton **Mise en page** et activez l'onglet **Affichage**.
A l'intérieur du cadre **Imprimer**, choisissez ce qui doit être imprimé pour chaque page.

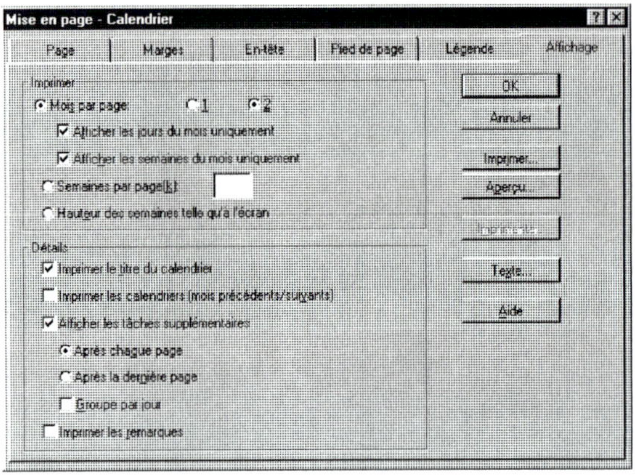

♦ Cliquez sur **OK**.

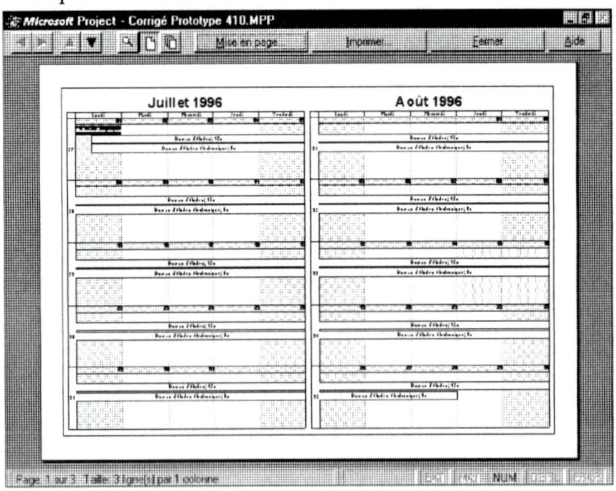

♦ Lancez l'impression par le bouton **Imprimer** et, confirmez par **OK**.

Pour imprimer deux mois par page, Project peut être amené à imprimer un mois hors projet.

Intervenir sur le format d'affichage des dates

♦ **Outils**
Options

♦ Au besoin, activez l'onglet **Affichage**.

*La deuxième option d'affichage proposée est la liste **Format de date**.*

♦ Ouvrez la liste **Format de date** et indiquez votre préférence.

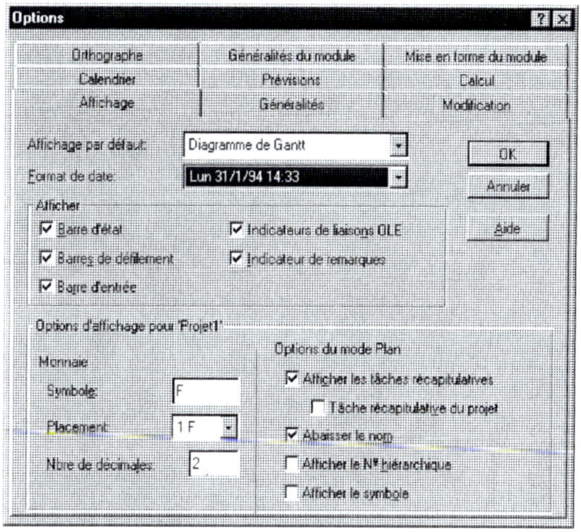

♦ Confirmez par **OK**.

Créer un nouvel affichage

♦ **Affichage**
Plus d'affichages
Créer

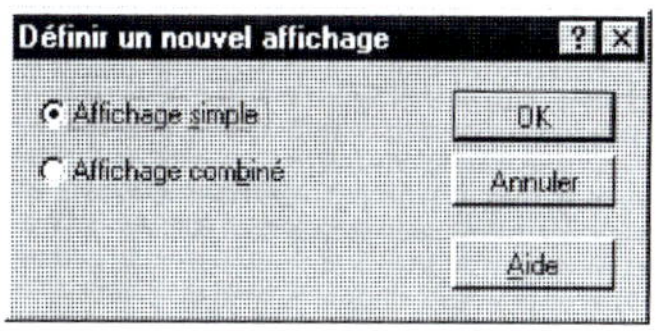

Project appelle "combiné" un affichage avec une fenêtre fractionnée.

Créer un affichage simple

♦ Sur la boîte de dialogue **Définir un nouvel affichage**, sélectionnez **Affichage simple** et validez par **OK**.

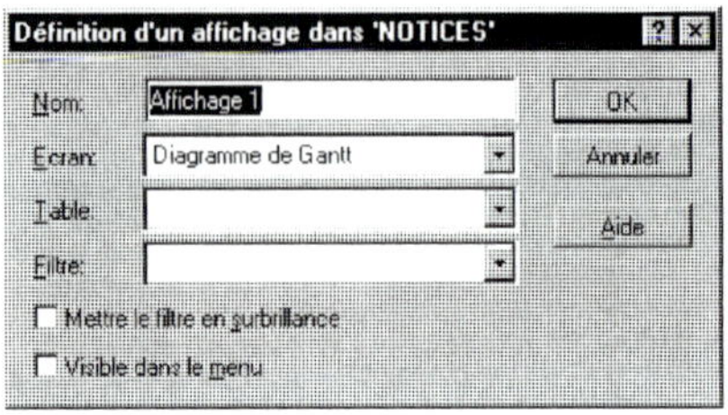

- Donnez un nom au nouvel affichage.
- Indiquez la nature de l'**Ecran**.

  En fonction de l'écran choisi, les choix qui suivent peuvent être accessibles ou non.
- Si cela est possible, précisez la **Table** à associer.
- Renseignez le **Filtre**.
- Intervenez ensuite sur les choix **Mettre le filtre en surbrillance** et **Visible dans le menu**.
- Validez par **OK**.
- Choisissez d'**Appliquer** ou de **Fermer**.

Créer un affichage combiné

- Sur la boîte de dialogue **Définir un nouvel affichage**, cliquez sur **Affichage combiné** et confirmez par **OK**.
- Attribuez un **Nom**.
- Par la liste **Haut**, précisez ce qui devra s'afficher dans la partie supérieure de l'écran.
- Faites la même chose pour la partie inférieure de l'écran par la liste **Bas**.
- Précisez si l'affichage doit être **Visible dans le menu**.

- Validez par **OK**.
- Choisissez d'**Appliquer** ou de **Fermer**.

Créer une table

Manipuler les tables

♦ S'il s'agit d'une table de tâches, soyez dans un affichage tâches.
S'il s'agit d'une table ressources, soyez dans un affichage ressources.

♦ **Affichage**
Table
Plus de tables

♦ Choisissez soit de **Créer**, soit de **Copier**.

♦ Suite aux choix **Créer** et **Copier**, donnez un **Nom** à la nouvelle table.

♦ Intervenez, au besoin, sur le choix **Visible dans le menu**.

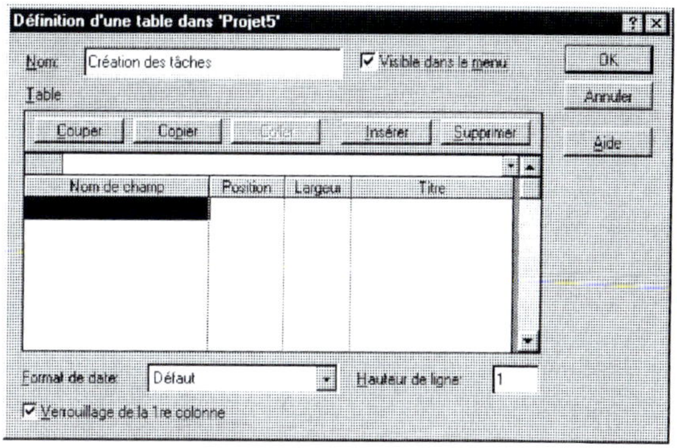

*Lorsque ce choix est activé, la table est directement accessible par **Affichage - Table**. Sinon, vous pouvez l'atteindre par **Plus de tables**.*

♦ Pour chaque colonne :
– Sélectionnez le **Nom de champ**.
– Choisissez la **Position**.

Pour les champs de type numérique et de type date, la norme est l'alignement droit.

*Pour le champ **Nom**, évitez les **Position Droite** et **Position Centré** sinon vous n'aurez plus les retraits dus au mode plan.*

♦ Précisez la **Largeur** qui sera attribuée par défaut à la colonne.

♦ Dans la zone **Titre**, entrez -au besoin- le futur libellé de la colonne.

*En laissant la cellule **Titre** vide, Project reprend le nom du champ en tant que libellé.*

*Saisir un **Titre** spécifique permet de personnaliser les en-têtes de colonne mais peut poser des problèmes. Lors des tris par exemple, Project propose les noms de champ en tant que critères et non les libellés de colonnes.*

- Si les champs de type date doivent avoir un format particulier, choisissez-le dans la liste **Format de date**.
- Au besoin, intervenez sur la **Hauteur de ligne**.
- Si vous souhaitez toujours visualiser la première colonne lors de vos déplacements vers la droite de la table, laissez coché le choix **Verrouillage de la 1re colonne** .
- Validez par **OK** puis par **Appliquer** ou **Fermer**.

Utiliser certains champs de tâches

- Parmi les nombreux champs proposés, certains ont été créés et réservés à l'usage personnel de chaque utilisateur de Project.

  En voici quelques uns :

Types de champs	Noms des champs	Observations
Texte	Rem1 à Rem10	On peut y saisir jusqu'à 255 caractères.
Numérique	Numéro1 à Numéro5	Pour stocker des nombres
Coût	Coût1 à Coût3	Pour stocker des nombres en format monétaire. Attention, données non prises en compte dans le coût total.
Oui/Non	Indicateur1 à Indicateur 10	Pour ne saisir que des valeurs "Oui" ou "Non". Valeur par défaut "Non".

Utiliser quelques champs de ressources

- Pour les ressources, les champs personnalisés ne sont que des champs de type Texte. Il s'agit des champs de **Rem1** à **Rem5**.

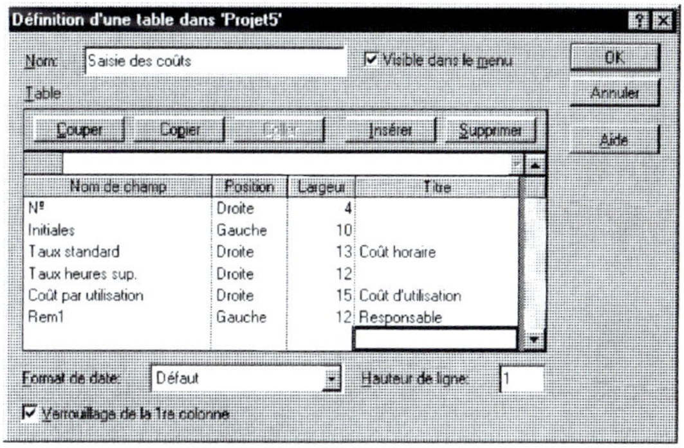

Modifier le contenu d'une table

Changer le contenu d'une colonne

♦ Double cliquez sur l'en-tête de la colonne dont le contenu doit être changé.

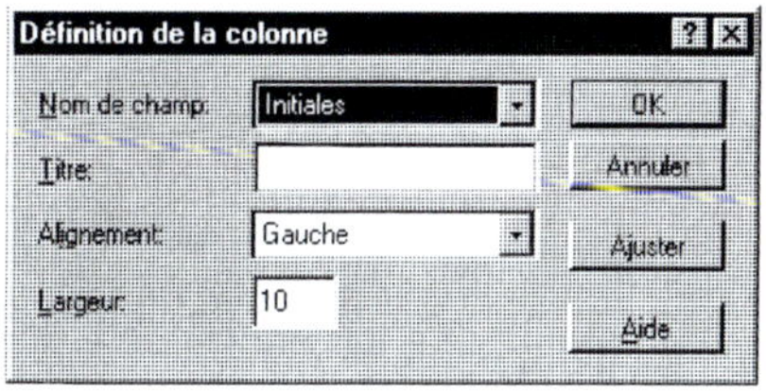

♦ Modifiez le **Nom de champ**, le **Titre**, l'**Alignement** et/ou la **Largeur**.

♦ Validez par **OK**.

Insérer une colonne

♦ Cliquez sur l'en-tête de la colonne qui suivra la nouvelle.

♦ **Insertion** ♦ [Inser]
Insérer une colonne

♦ Renseignez les caractéristiques de la nouvelle colonne.

♦ Validez par **OK**.

Supprimer une colonne

♦ Cliquez sur l'en-tête de la colonne à supprimer.

♦ **Edition** ♦ [Suppr]
Supprimer la colonne

La suppression est instantanée.

Bien évidemment, la colonne est supprimée dans la table mais pas le champ !

Déplacer une colonne

- **Affichage**
  Table
  Plus de tables
- Sélectionnez le nom de la table concernée.
- Cliquez sur le bouton **Modifier**.
- Cliquez dans une cellule de la colonne à déplacer.
- Cliquez sur le bouton **Couper**.

  Le champ disparaît.
- Cliquez dans la ligne destinataire du déplacement.
- Cliquez sur le bouton **Coller**.

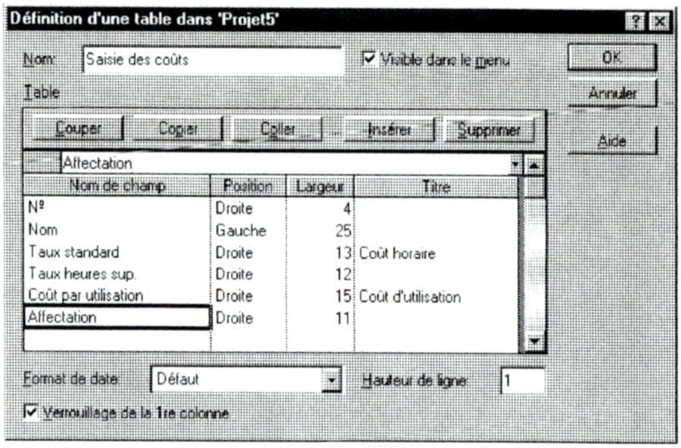

- Validez par **OK** puis choisissez d'**Appliquer** ou de **Fermer**.

Intervenir sur la taille des colonnes et des volets

Modifier la largeur des colonnes

- Positionnez le pointeur de la souris sur le trait vertical situé à droite du libellé de la colonne à modifier.
- Vérifiez que le pointeur de la souris se transforme en une flèche à deux têtes.
- Réalisez un cliqué-glissé dans le sens souhaité ou procédez à un double clic.

  Instantanément, Project ajuste la largeur de la colonne à son entrée la plus longue.

Modifier le fractionnement des volets

- Placez la souris sur la barre de fractionnement.

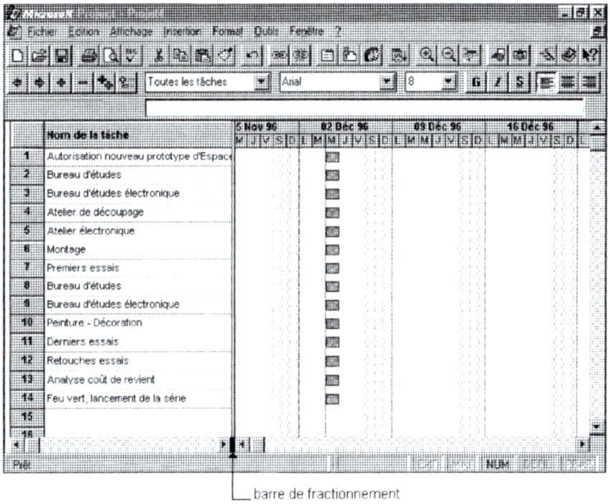

Le pointeur de la souris adopte une nouvelle forme.

- Réalisez un cliqué-glissé dans le sens souhaité.
- Après avoir relâché le bouton de la souris, faites un double clic sur la barre de fractionnement afin de la superposer à la barre de la colonne la plus proche.

Intervenir sur l'aspect d'une table

Quadriller une table

- **Format**
  Quadrillage
- Indiquez le **Trait à modifier : Lignes du tableau**, **Colonnes du tableau**, **Titre vertical**, **Titre horizontal** ou **Sauts de page**.
- Définissez sa mise en valeur puis cliquez sur **OK**.

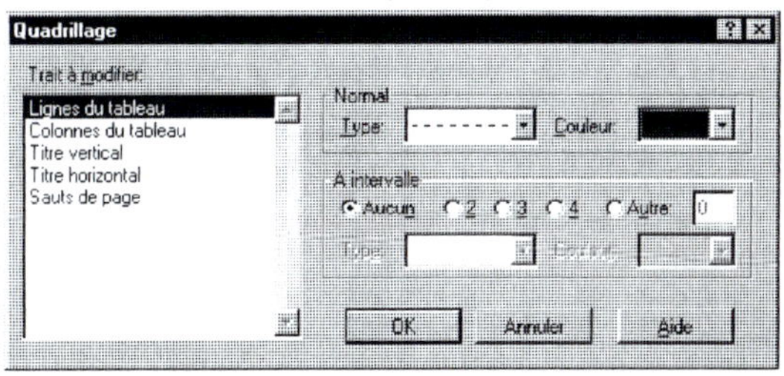

- Validez.

Modifier l'apparence des caractères

- S'il s'agit des caractères d'une ligne particulière de la table, sélectionnez-la puis
  Format
  Police.

S'il s'agit des caractères de données spécifiques,
Format
Styles du texte.

♦ Si vous avez choisi **Styles du texte**, indiquez l'**Elément à modifier**.

Les choix proposés pour une table des tâches sont bien sûr différents.

♦ Indiquez la **Police**, le **Style**, la **Taille**, la **Couleur** et si le texte doit être **Souligné**.

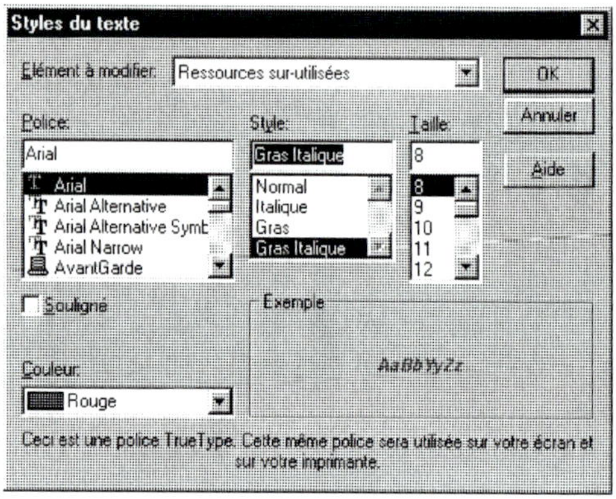

♦ Validez par **OK**.

❑ *Les changements d'aspect des tables concernent toutes les tables de la catégorie en cours (tâches ou ressources) et non, uniquement, la table en cours.*

. . . . *Notes personnelles*. . . . .

Modifier le contenu de cellule

Modifier en cours de saisie

- Utilisez la touche [←] jusqu'à la correction souhaitée.
- Terminez la saisie.
- Validez.

Modifier après validation

- Activez la cellule à modifier.
- Cliquez dans la barre d'entrée, où doit être apportée la correction.

  Le point d'insertion clignote à l'endroit demandé ; les boutons [✖] et [✔] font, une nouvelle fois, leur apparition.
- Apportez les modifications attendues.

  Les nouveaux caractères saisis s'ajoutent aux anciens ; le mode de saisie est appelé le mode Insertion.

  Pour remplacer un caractère, vous pouvez activero le mode Frappe. La touche qui permet de passer d'un mode à l'autre est la touche [Inser]
- Validez les modifications réalisées.

> *Vous pouvez également entrer en processus de modification par la touche de fonction [F2]. Utilisez ensuite les touches fléchées pour déplacer le point d'insertion.*

Effacer le contenu d'une cellule

- Cliquez dans la cellule à effacer.
- Appuyez sur la touche [←].

  Immédiatement, la cellule est effacée.
- Changez ensuite de cellule par la touche [Entrée] ou par une touche fléchée.

Recopier un contenu de cellule vers le bas

- Sélectionnez la cellule à recopier et les cellules destinataires de la recopie.

	Nom de la ressource	Initiales	Groupe	Capac
25	Département MISES AU POINT	DT	DMP	
26	HUCHET Yann	HY	DT	
27	BARBOT Sylvaine	BS	DT	
28	CORBINEAU Claire	CC	DT	
29	MOREAU Bruno	MB	DT	
31				

La cellule à recopier doit obligatoirement être au-dessus des cellules destinataires.

Ces dernières peuvent être non contiguës (vous devez alors les sélectionner à l'aide de la touche [Ctrl]).

- **Edition**
  Recopier vers le bas
- [Ctrl] **D**

Personnaliser le calendrier du projet

Découvrir ses éléments de base

- Les jours ouvrés vont du lundi au vendredi.
- Les heures ouvrées sont les suivantes :
  8:00 - 12:00 et 13:00 - 17:00 ; soit un total de 40 heures par semaine.
- Il n'y a ni congés, ni jours fériés.
- Chaque calendrier débute au 1er janvier 1984 et se termine au 31 décembre 2049.

Accéder au calendrier du projet

- **Outils**
  Modifier le temps de travail
- Vérifiez que ce seront des modifications **Pour : Standard (Calendrier de projet)**.

  Le mois affiché sous forme calendaire est le mois de la date du jour. Les jours chomés apparaissent grisés.

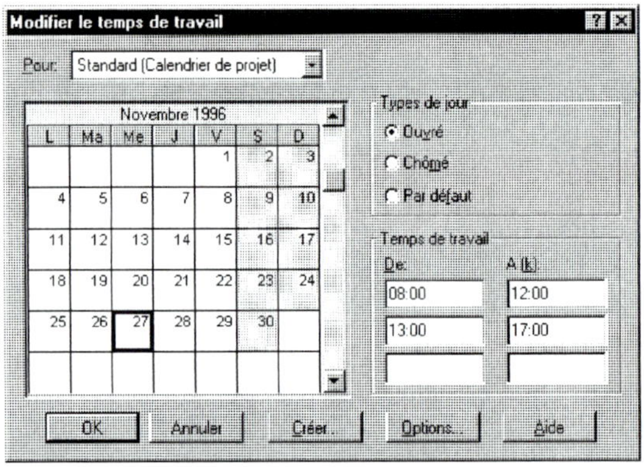

Définir des jours chômés

- Sélectionnez le jour ouvré à rendre chômé.
- Activez alors l'option **Chômé** du cadre **Types de jour**.

  *Instantanément, le cadre **Temps de travail** devient inaccessible.*
- Vérifiez la prise en compte de ce changement en cliquant dans un autre jour.

❑ *Nous vous conseillons d'envisager les calendriers sur une période plus longue que celle initialement prévue pour le projet car les retards sont assez courants !*

Définir des horaires de travail

- Sélectionnez les jours pour lesquels l'horaire diffère.

  Si vous cliquez sur le libellé de colonne, vous sélectionnez le jour pour toutes les semaines, de tous les mois, de toutes les années.

♦ Indiquez les nouvelles plages horaires dans le cadre **Temps de travail**.

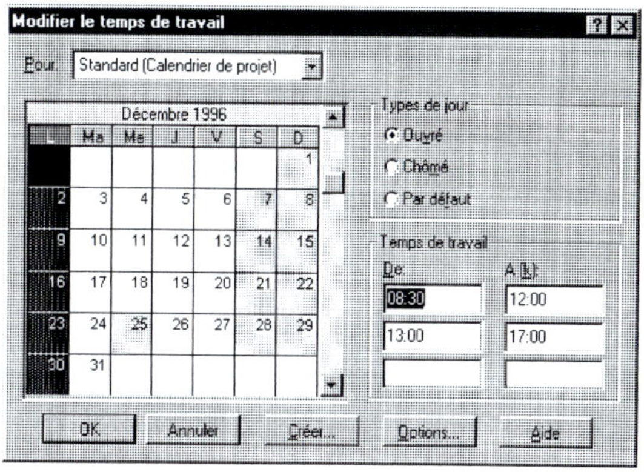

♦ Retirez la sélection en cours en cliquant à un autre emplacement du calendrier.

Les jours à plage horaire particulière sont présentés dans un gris très clair.

Soyez vigilant lorsque vous créez des demi-journées de travail : effacez bien les horaires (ne les remplacez pas par des espaces !). Sachez que la première ligne ne doit pas rester vide (si c'est un matin qui est chômé, mettez les horaires de l'après-midi en ligne un et effacez la ligne deux).

La troisième ligne du cadre est utilisée par les sociétés qui fonctionnent en 3 x 8.

Fermer le calendrier

♦ Une fois le calendrier adapté à votre entreprise et à la période du projet, validez par le bouton **OK** ou la touche [Entrée].

❑ *Tous ces changements affectent, bien évidemment, les dates de début et de fin de chaque tâche et affectent, le plus souvent, la date finale du projet.*

Imprimer le calendrier

♦ **Affichage**
Rapports

♦ Double cliquez sur **Vue d'ensemble**.

♦ Double cliquez sur **Jours ouvrés**.

♦ A partir de l'aperçu, cliquez sur le bouton **Imprimer** et, confirmez par **OK**.

♦ Quittez la boîte de dialogue **Rapports** en cliquant sur **Annuler**.

Project liste les jours de la semaine et leurs horaires puis, il détaille les jours exceptionnels.

Modifier les options générales du calendrier

- **Outils**
  Options
- Activez l'onglet **Calendrier**.

  Remarquez l'abondance des informations pouvant être fournies.

  Le choix relatif à ***L'année fiscale*** *est intéressant pour les formats des échelles de temps.*

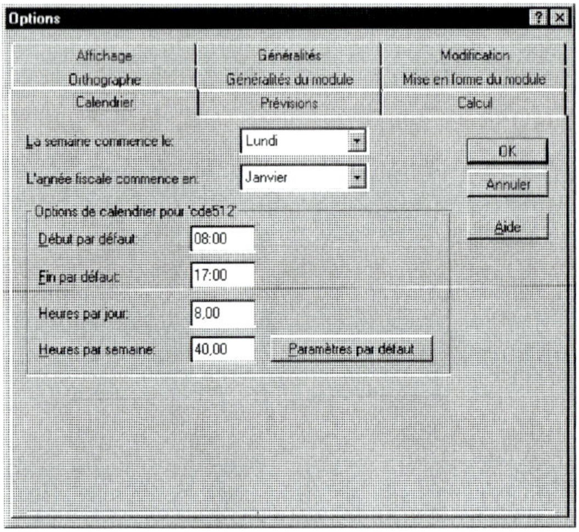

- Mettez à jour les renseignements de votre choix.
- Cliquez sur le bouton **OK**.

❑ *Il est préférable de modifier les options générales du calendrier avant de créer la liste des tâches (notamment pour leur durée).*

.... *Notes personnelles*....................

Filtrer les tâches sur un intervalle de temps

Un filtre permet de lister une partie des tâches.

♦ Ouvrez la liste **Filtre**.

♦ En début de liste, cliquez sur **Intervalle de temps**.

♦ Saisissez la première borne de l'intervalle et validez.

♦ Saisissez alors la seconde borne et validez.

Filtrer les ressources d'un groupe précis

♦ Soyez en visualisation des ressources.

♦ Ouvrez la liste **Filtre** et cliquez sur **Groupe**.

♦ Saisissez le nom du groupe concerné.

*Vous pouvez utiliser des caractères génériques dans un filtre : utilisez ? (point d'interrogation) pour remplacer un caractère ou * (étoile) pour une chaîne de caractères.*

Ces caractères ne sont utilisables que dans des champs de type Texte.

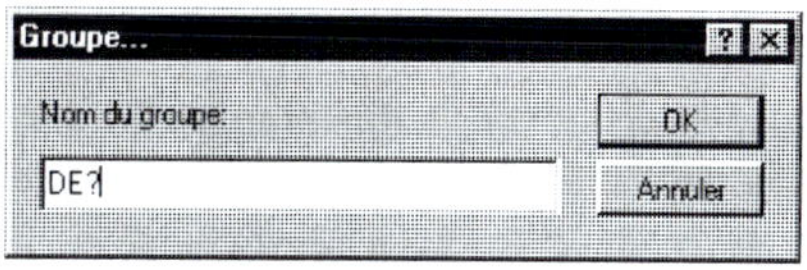

♦ Validez par la touche Entrée.

Utiliser les filtres liés au budget

Coût dépassant le budget

♦ Ouvrez la liste **Filtre** et cliquez sur **Coût dépassant le budget**.

Les tâches qui appaissent sont des tâches plus onéreuses que prévues.

Travail dépassant le budget

♦ Ouvrez la liste **Filtre** et cliquez sur **Travail dépassant le budget**.

Mettre en surbrillance les tâches/ressources filtrées

Les filtres sont utilisés pour visualiser une partie des tâches ou des ressources mais aussi pour présenter différemment les lignes filtrées tout en continuant de visualiser les autres.

♦ **Outils**
Filtré pour
Plus de filtres

♦ Sélectionnez le nom du filtre.

♦ Lancez l'exécution du filtre par le bouton **Surbrillance**.

Par défaut, les lignes filtrées ont une couleur de surbrillance qui est le bleu.

> *La couleur de surbrillance peut-être modifiée par **Format - Styles du texte - Elément à modifier : Tâches** (ou **Ressources**) en surbrillance.*

Personnaliser un filtre

♦ **Outils**
Filtré pour
Plus de filtres

♦ Précisez s'il s'agit de **Filtres** : **Tâche** ou **Ressource**.

♦ Choisissez soit de **Créer**, soit de **Modifier**, soit de **Copier**.

♦ Comme pour les tables, donnez un **Nom** et choisissez si le filtre doit être **Visible dans le menu** ou non.

♦ Posez vos conditions.

♦ Validez par **OK** puis choisissez de l'**Appliquer** ou de **Fermer**.

Poser un critère de tri

♦ Cliquez dans la première cellule **Nom de champ** et, par la liste du dessus, sélectionnez le champ sur lequel repose la condition.

♦ Activez la cellule **Condition** et choisissez l'opérateur de comparaison dans la liste du dessus.

♦ Cliquez dans la cellule **Valeur(s)** et saisissez la ou les valeurs de comparaison.

*Pour les conditions **Compris entre** et **Nom compris entre**, un domaine doit être proposé. Tapez la **Valeur inférieure**, un point-virgule puis la **Valeur supérieure**.*

*Vous pouvez aussi utiliser les caractères génériques ? et *.*

Pour comparer un champ, par rapport à un autre champ, ouvrez la liste du dessus. Les noms y sont proposés entre crochets.

♦ Cliquez sur **OK** ou sur **Appliquer**.

Poser plusieurs critères de tri

♦ Posez une condition par ligne.

*Même si plusieurs conditions portent sur un même champ, répétez le **Nom de champ** sur chaque ligne.*

♦ Activez la cellule **Et/Ou** de chaque ligne utilisée (sauf la dernière) et indiquez si toutes les conditions doivent obligatoirement être satisfaites (**Et**) ou, seulement l'une d'entre elles (**Ou**).

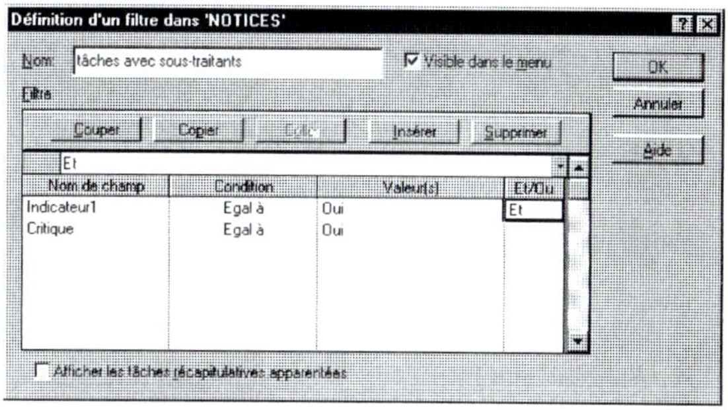

Créer un filtre intéractif

Un filtre interactif permettra à l'utilisateur de préciser ses conditions.

- Accédez à la cellule **Valeur** de la condition concernée par l'interactivité.
- Saisissez entre guillemets le message qui guidra les utilisateurs.
- Après les seconds guillemets, sans espace, saisissez le point d'interrogation.

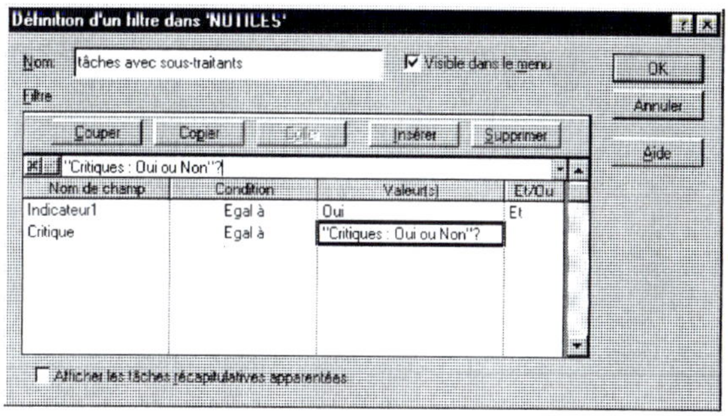

- **OK - Appliquer**.

. . . . *Notes personnelles* . . . .

. . . . *Notes personnelles*. . . . .

Saisir les tâches d'un projet

♦ Activez la première cellule de la colonne **Nom de la tâche** de la **Table Entrée** du **Diagramme de Gantt**.

♦ Saisissez le nom de la tâche.

Dès la saisie des premiers caractères, les barres d'outils s'estompent ; le texte s'affiche dans la cellule et sur la barre d'entrée ; les boutons et apparaissent sur cette dernière.

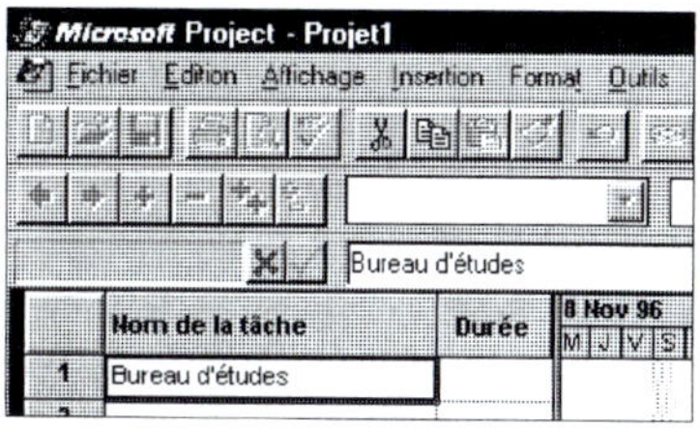

♦ Validez la saisie par la touche Entrée ou par ↓.

*La cellule de saisie suivante est instantanément activée ; les barres d'outils redeviennent accessibles ; la durée de la tâche validée passe à 1 jour et une barre s'affiche dans le **Planning** de **Gantt**.*

Vous pouvez également valider la saisie en cliquant sur le bouton ou, au contraire, l'annuler en cliquant sur le bouton .

♦ Saisissez ainsi les différentes tâches de votre projet.

Modifier la liste des tâches

Supprimer une tâche

♦ Positionnez-vous dans une cellule de la tâche à détruire.

♦ Appuyez sur la touche Suppr.

Instantanément la tâche est retirée de la liste et les tâches suivantes sont renumérotées.

Insérer une nouvelle tâche

♦ Activez une cellule de la tâche qui suivra la nouvelle.

♦ Appuyez sur la touche Inser

Une ligne vide s'insère et, les activités suivantes sont renumérotées.

♦ Saisissez les données de la nouvelle tâche.

Recopier une tâche

♦ Sélectionnez la tâche à copier en cliquant sur son numéro.

Toute la ligne se noircit, la tâche est sélectionnée.

♦ **Edition Copier** ♦ Ctrl **C**

Project copie -à votre insu- la sélection dans le Presse-papiers.

- Sélectionnez la ligne de destination de la copie.
- **Edition Coller** ♦ Ctrl V

La tâche copiée est immédiatement collée à l'emplacement indiqué et, à nouveau, les numéros des tâches suivantes sont ré-affectés.

Déplacer une tâche

- Sélectionnez la ligne de la tâche à déplacer.
- Placez le pointeur de la souris sur un bord de la ligne jusqu'à ce que celui-ci se transforme en une flèche orientée vers le haut et vers la gauche.
- Cliquez-glissez jusqu'au nouvel emplacement de la tâche en vous aidant de la barre horizontale grise qui apparaît.
- Relâchez la souris lorsque l'emplacement vous convient.

Commenter une tâche

Saisir une remarque

- Double cliquez sur la tâche concernée.
- Activez l'onglet **Remarques**.
- Cliquez dans la zone de saisie **Remarque** et saisissez votre commentaire en utilisant Entrée pour changer de paragraphe.

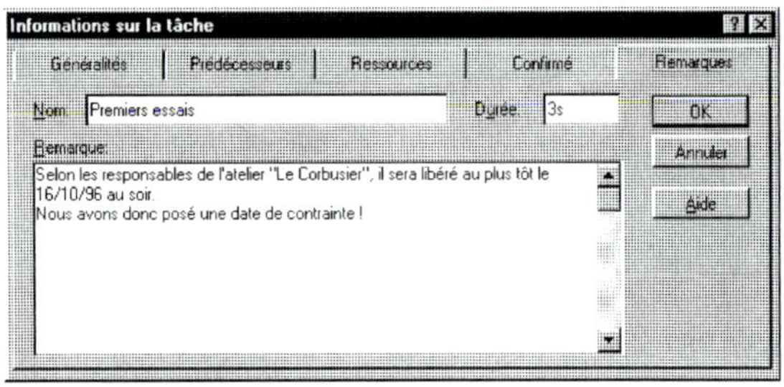

- Validez par **OK**.

A gauche du numéro de la tâche, une petite feuille matérialise la présence d'une remarque.

> *Pour accéder plus rapidement à la zone de saisie des remarques, vous pouvez sélectionner la tâche puis cliquer sur le bouton* ***Attacher une remarque*** *( ).*

Consulter une remarque

- Une possibilité consiste à cliquer avec le bouton DROIT de la souris sur la tâche concernée.
- Sur le menu contextuel cliquez alors sur l'option **Remarques sur la tâche**.

*Instantanément l'onglet **Remarques** de la boîte **Informations sur la tâche** est proposé.*

♦ Consultez le commentaire et quittez par le bouton **Annuler**.

Visualiser la fiche "remarques"

♦ Soyez en affichage d'un Gantt.

♦ **Fenêtre**
Fractionner

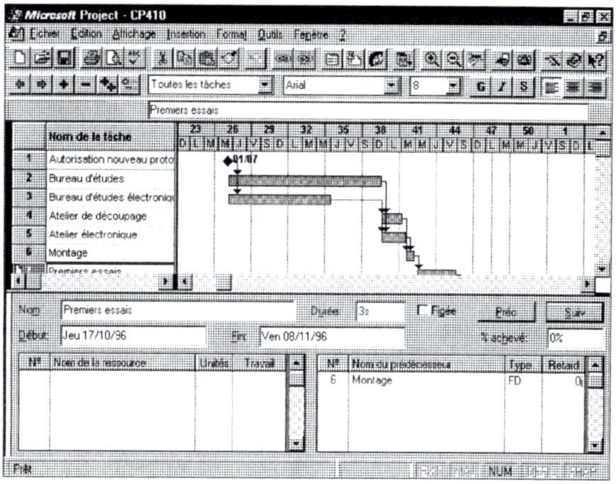

Dans la partie supérieure de l'écran, le Gantt reste affiché et, dans la partie inférieure est proposée une FICHE.

Cette fiche concerne la tâche sélectionnée dans le Gantt.

♦ Cliquez avec le bouton DROIT dans la fiche visualisée.

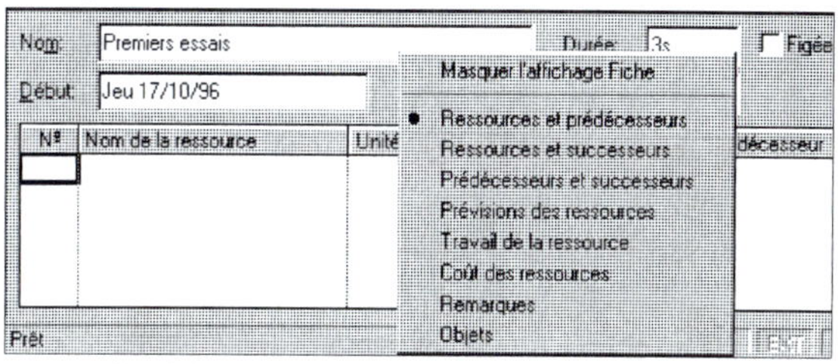

Pour la tâche sélectionnée, une liste de fiches est proposée. La fiche précédée d'un point est la fiche active.

♦ Choisissez la fiche **Remarques**.

♦ Consultez ainsi les remarques en cliquant sur les tâches de votre choix.

♦ Pour revenir à un affichage standard, utilisez **Fenêtre - Supprimer le fractionnement**.

Attribuer une durée aux tâches

- Activez la cellule de la durée.
- Si la durée est déjà dans l'unité proposée, tapez seulement le nombre.
  Sinon, tapez le nombre suivi des lettres "m" pour minutes, "h" pour heures, "j" pour jours ou "s" pour semaines.
  L'unité peut être saisie en majuscule ou en minuscule.
- Validez.

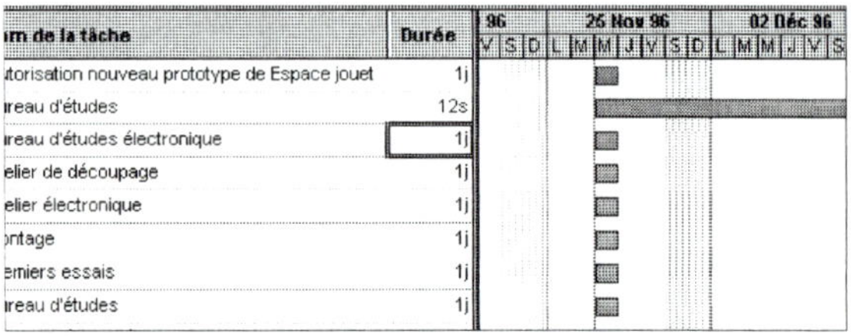

*La barre de la tâche du **Planning du Gantt** se dimensionne en fonction de la durée saisie.*

Modifier l'unité de temps par défaut pour les durées

- **Outils**
  Options
- Activez l'onglet **Prévisions**.
  *Par défaut, Project pense qu'il doit **Afficher la durée en : Jours**.*

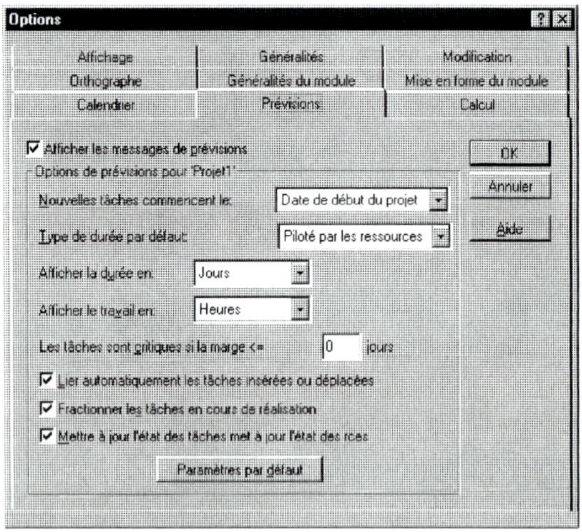

- Ouvrez la liste **Afficher la durée en** et, choisissez votre unité de temps.
- Validez par **OK**.

Découvrir les dates de début et de fin de tâche

♦ Déplacez-vous dans la largeur de la **Table Entrée** du **Gantt**.

La touche [↖] *permet de revenir dans la première colonne.*

♦ Par défaut, vous trouvez les colonnes du numéro, **Nom de la tâche, Durée, Début** et **Fin** (utilisez [→] si besoin est).

Sachez qu'il est techniquement possible de saisir des dates dans les deux dernières colonnes citées mais que cela est fortement déconseillé. Mieux vaut laisser Project les calculer seul !

Si vous avez des impératifs de dates, Project a prévu un module pour en tenir compte.

♦ Les calculs effectués tiennent compte d'un ensemble de facteurs dont, les relations entre les tâches et le calendrier du projet.

Établir des liaisons entre les tâches

*On appelle **Prédécesseur** une tâche qui doit commencer ou se terminer avant qu'une autre tâche puisse commencer ; on appelle **Successeur** une tâche qui dépend de la date de début ou de fin d'une tâche précédente.*

Établir une liaison de type fin à début entre deux tâches

♦ Sélectionnez les tâches à lier dans la **Table** du **Gantt**.

♦ Cliquez sur le bouton [🔗].

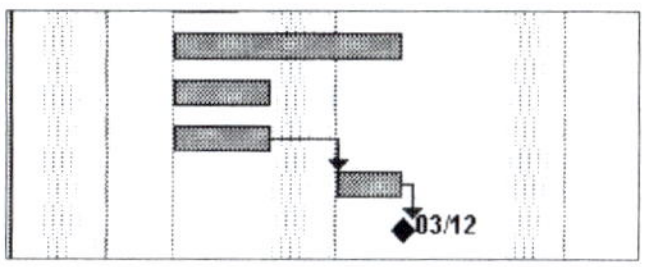

*Dans le **Planning du Gantt**, la liaison se matérialise par une flèche.*

Établir une liaison de tout type entre deux ou plus. tâches

♦ Double cliquez dans une cellule de la tâche **Successeur**.

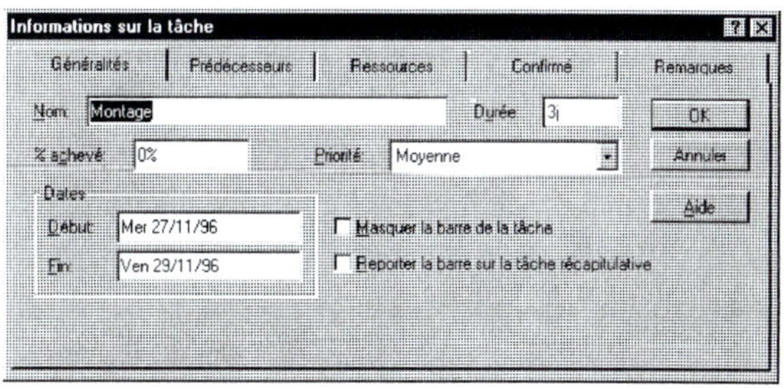

*La boîte **Informations sur la tâche** regroupe une grande partie des renseignements connus sur la tâche sélectionnée.*

♦ Cliquez sur le nom d'onglet **Prédécesseurs** afin de l'activer.

♦ Cliquez sur la cellule **N°** de la première ligne du tableau, si vous connaissez le numéro de la tâche Prédécesseur.
Si vous ne connaissez pas parfaitement ce numéro, cliquez dans la cellule **Nom de la tâche** afin de pouvoir accéder à la liste qui s'affiche au-dessus du tableau.

♦ Tapez alors le numéro de la tâche prédécesseur puis, faites ⏎ ou, sélectionnez le nom de la tâche dans la liste.

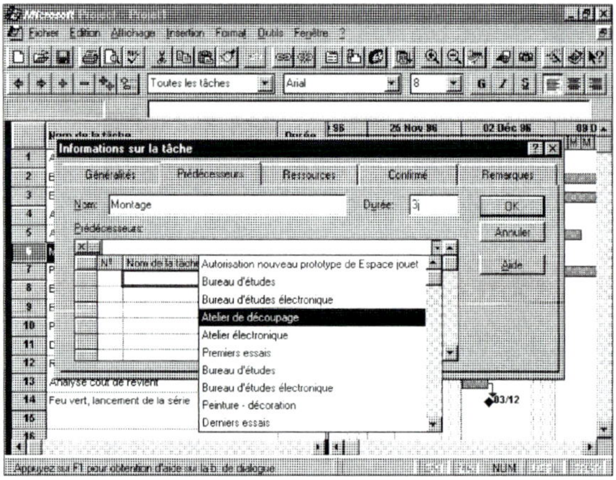

*Aussitôt sont renseignés le numéro et le nom de la tâche prédécesseur ; le **Type** de relation proposé est **Fin à début (FD)**.*

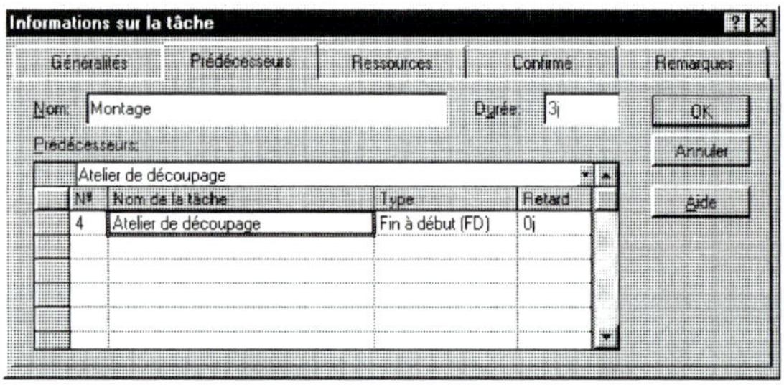

♦ Si la relation proposée est incorrecte, cliquez dans la cellule **Type** ; ouvrez la liste proposée au-dessus du tableau puis, cliquez sur le bon type de relation.

♦ Etablissez ainsi toutes les relations entre ce successeur et ses prédécesseurs.

♦ Confirmez alors par le bouton **OK**.

Établir tout type de liaisons

♦ A partir de la **Table Entrée** du **Gantt**, cliquez dans la cellule **Prédécesseurs** de la tâche successeur.

♦ Renseignez alors les numéros des prédécesseurs à l'aide des règles suivantes :

– Numéro des prédécesseurs :

Un seul prédécesseur	saisir son numéro.
Plusieurs prédécesseurs	séparer les numéros par un point-virgule.

– Type de relations :

Relation de type Fin à début	ne saisir que les numéros.
Relation de type Début à début	faire suivre le numéro des lettres DD.
Relation de type Fin à fin	faire suivre le numéro des lettres FF.
Relation de type Début à fin	faire suivre le numéro des lettres DF.

♦ Validez par [Entrée].

Optimiser les liaisons

Afficher la fiche "Prédécesseurs et successeurs"

♦ Affichez le Gantt : **Affichage - Diagramme de Gantt**.

♦ **Fenêtre**
Fractionner

Dans la partie supérieure de l'écran, le Gantt reste affiché et dans la partie inférieure, est proposée une "fiche".

♦ Cliquez avec le bouton DROIT de la souris dans la fiche visualisée.

Project propose une liste de fiches. Celle précédée d'un point est la fiche active.

Comme toujours, cette fiche concerne la tâche qui est sélectionnée dans le Gantt.

♦ Cliquez sur **Prédécesseurs et successeurs**.

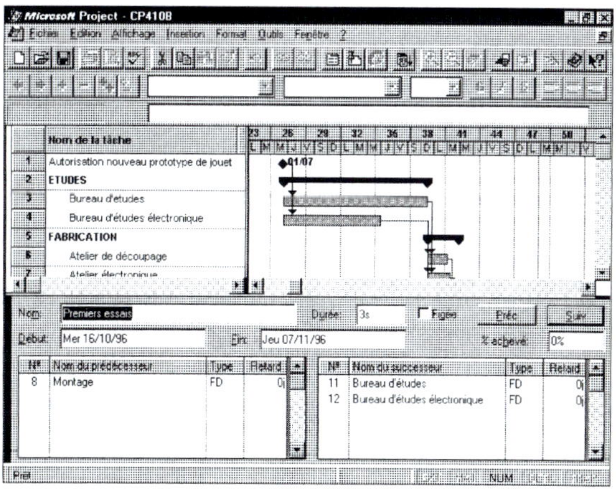

Dans la partie gauche de la fiche sont proposés les prédécesseurs et dans la partie droite les successeurs de la tâche sélectionnée dans le Gantt.

♦ Sélectionnez dans le Gantt la tâche à étudier.

♦ Mettez fin à la visualisation de la fiche par **Fenêtre - Supprimer le fractionnement**.

Afficher le PERT relations tâches

♦ Affichez un diagramme de Gantt.

♦ **Fenêtre**
Fractionner

La fiche précédemment activée s'affiche de nouveau.

♦ Cliquez dans la fiche afin d'activer cette partie de l'écran.

♦ **Affichage**
Plus d'affichages

♦ Parmi tous les choix proposés, double cliquez sur le **PERT relations tâches**.

Le PERT affiché dans la partie inférieure concerne la tâche sélectionnée dans le Gantt.

♦ Sélectionnez dans le Gantt, la tâche à examiner.

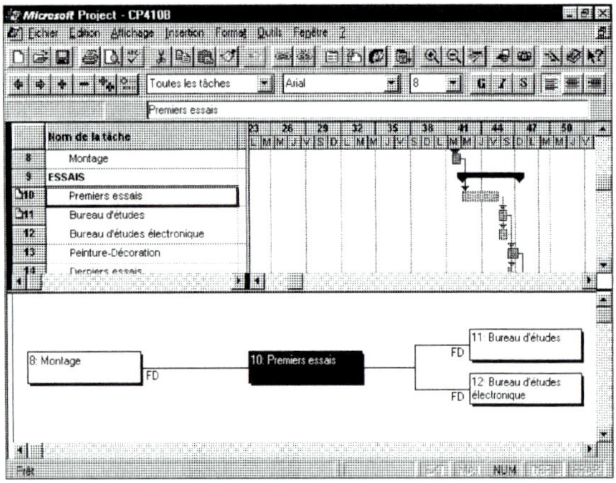

♦ Mettez fin à cet affichage par **Fenêtre - Supprimer le fractionnement**.

Créer une table relative aux liaisons

♦ **Affichage**
Table
Plus de tables

♦ Cliquez sur le bouton **Créer**.

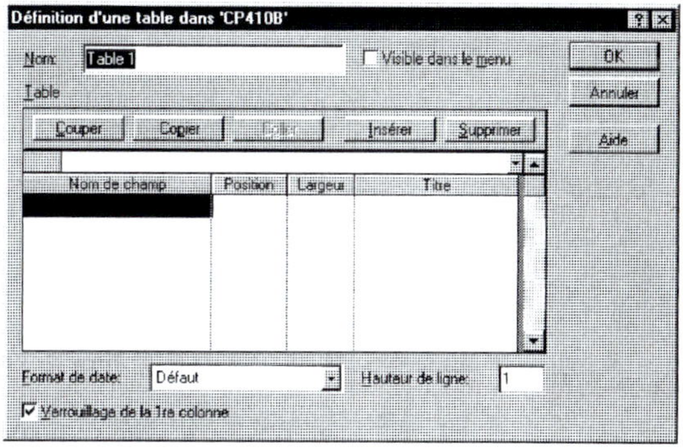

- Tapez le **Nom** de la table.
- Activez le choix **Visible dans le menu** afin de la retrouver facilement.
- Cliquez dans la cellule **Nom de champ** de la première ligne du tableau ; ouvrez la liste du dessus et sélectionnez un champ.
- Choisissez la **Position** en ouvrant la liste du dessus.
- Cliquez dans la cellule **Largeur** et tapez la largeur souhaitée.
- Poursuivez l'insertion des champs.
- Validez par **OK**.
- Choisissez alors de l'**Appliquer**.

La table créée remplace la table Entrée.

Une fois conçue, elle s'utilise comme toutes les tables fournies en standard avec Project.
La principale différence, est qu'elle n'existe pour l'instant que dans le projet en cours.

Quelques idées d'optimisation

- Recherchez l'exécution simultanée des tâches. Dans la pratique, il est fréquent que des relations de type Fin à début soient transformables en Début à début avec retard ou, encore, conservées en Fin à début mais avec avance.
- Etudiez si les longues tâches ne peuvent pas être divisées en sous-tâches possédant leurs propres liaisons. Cela peut avoir un effet non négligeable sur le chemin critique et, parfois, sur les durées.

Définir des délais sur les liens

Par la boîte "informations sur la tâche"

- Double cliquez sur la tâche Successeur.
- Activez l'onglet **Prédécesseurs**.

*Project rappelle la liaison existante. Remarquez la présence de la colonne **Retard**.*

♦ Cliquez dans la cellule **Retard** de la liaison concernée.

♦ Entrez le délai en respectant les règles suivantes :

Si le délai correspond à	Saisir une valeur :
un retard une avance	positivie négative
Les délais peuvent être exprimés en unités de temps (minutes, heures, jours, semaines) ou en pourcentage.	

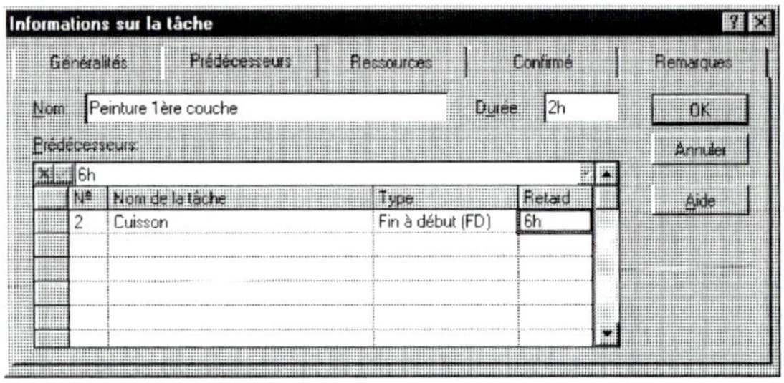

♦ Confirmez par **OK**.

*Le **Planning** du **Gantt** prend en compte l'allongement de la durée de la liaison.*

Par la table Entrée

♦ Activez la cellule **Prédécesseurs** de la tâche Successeur.

♦ Respectez toutes les règles vues précédemment ; mais, sachez que pour les relations de type Fin à début, les lettres FD doivent **impérativement** être saisies lorsqu'il y a des délais.

❑ *Différenciez bien les délais d'attente sur liaison des tâches.*

Définir les jalons d'un projet

Les créer

♦ Les jalons sont des tâches particulières puisqu'elles ont une durée nulle. Il suffit donc de saisir zéro comme durée.

*Dans le **Planning du Gantt**, les jalons sont symbolisés par des losanges suivis de la date de la tâche.*

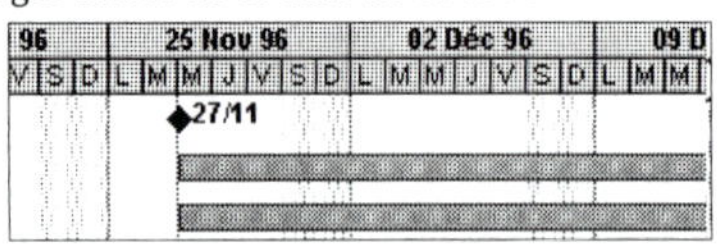

Les imprimer

♦ **Affichage**
Rapports

Project classe ses rapports d'impression en différentes catégories.

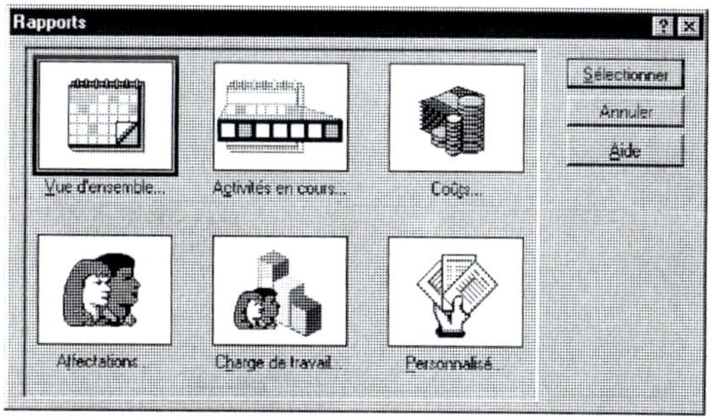

♦ Double cliquez sur **Vue d'ensemble**.

♦ Parmi les cinq choix proposés, double cliquez sur **Jalons**.

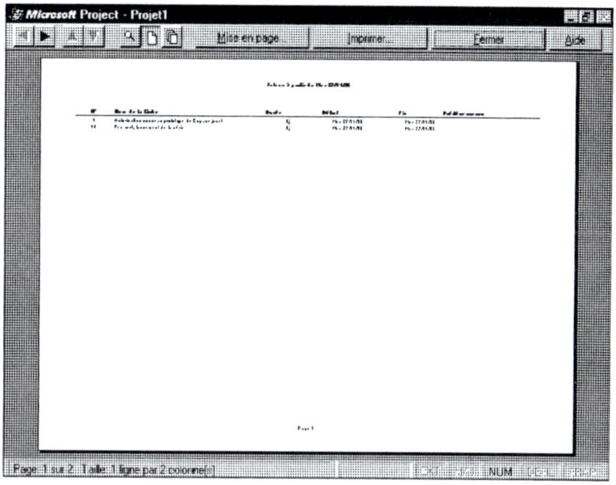

Un aperçu avant impression est immédiatement proposé.

♦ Cliquez sur le bouton **Imprimer** et confirmez par **OK**.

♦ Sur la boîte de dialogue **Rapports**, cliquez sur **Annuler** pour la refermer.

Transformer une tâche en jalon

♦ Double cliquez dans la tâche concernée.

Si sa durée est différente de zéro, Project ne la considère pas automatiquement comme un jalon.

♦ Activez l'onglet **Confirmé**.

♦ Activez l'option **Marquer la tâche en tant que jalon**.

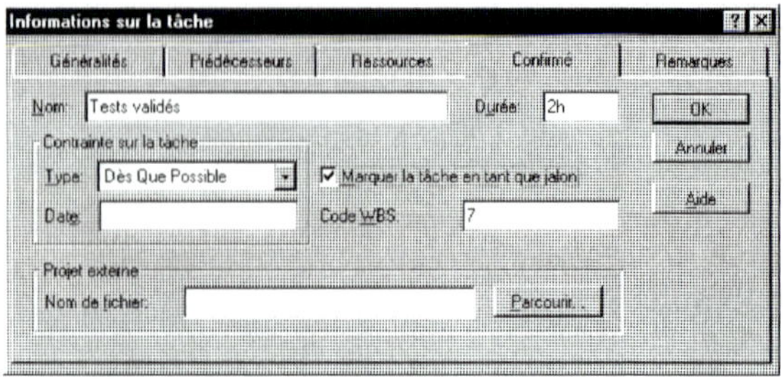

♦ Validez par **OK**.

Le losange présent dans le planning signale que Project a accepté la demande.

Créer des tâches répétitives

Une tâche répétitive revient à intervalle régulier.

♦ Positionnez-vous où la tâche répétitive doit s'afficher.

♦ **Insertion**
Insérer une tâche répétitive

♦ Saisissez le **Nom** de la tâche.

♦ Faites ⏎ pour renseigner sa **Durée**.

♦ Précisez si l'**Événement** est **Quotidien**, **Hebdomadaire**, **Mensuel** ou **Annuel**.

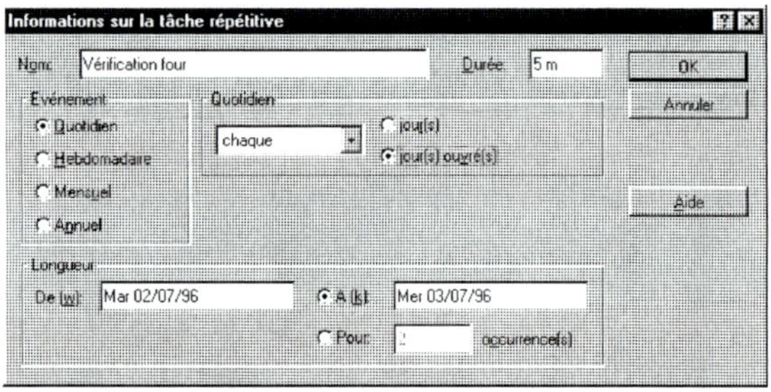

♦ Donnez alors toutes les informations nécessaires quant à la fréquence de la tâche.

*Les renseignements sur la fréquence dépendent de la nature même de l'**Evénement**.*

♦ Validez par **OK**.

La tâche s'affiche sous la forme d'une tâche récapitulative dans la table entrée.

Il y a autant de tâches élémentaires que de répétitions de la tâche ; chaque subordonnée reprend le nom de la tâche suivi d'un numéro.

Trier la liste des tâches

Par date

- Cliquez sur le bouton **Trier par date** () de la barre d'outils **Standard**.

  Toutes les tâches sont alors rangées en fonction de leur date de début ; les tâches sont renumérotées.

Selon un autre critère

- **Outils**
  Trier

  Project propose alors les critères de tri les plus courants.

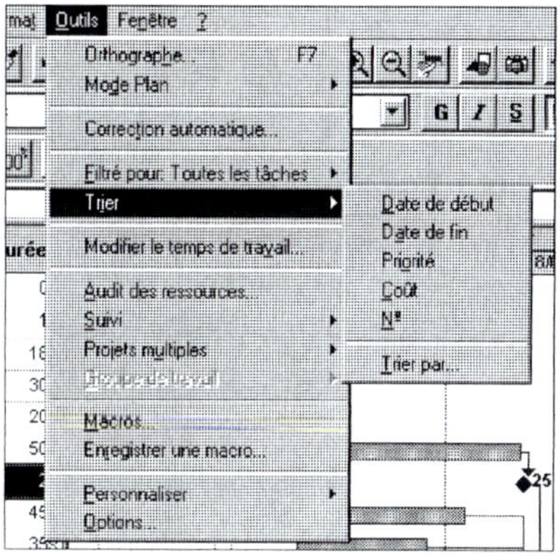

- Sélectionnez le critère attendu ou, s'il est absent de la liste, optez pour **Trier par**.
- La boîte de dialogue **Trier** vous permet de préciser trois critères de tri (**Trier par**, **Puis par** deux fois). Chaque tri peut être demandé en ordre **Croissant** ou **Décroissant**.

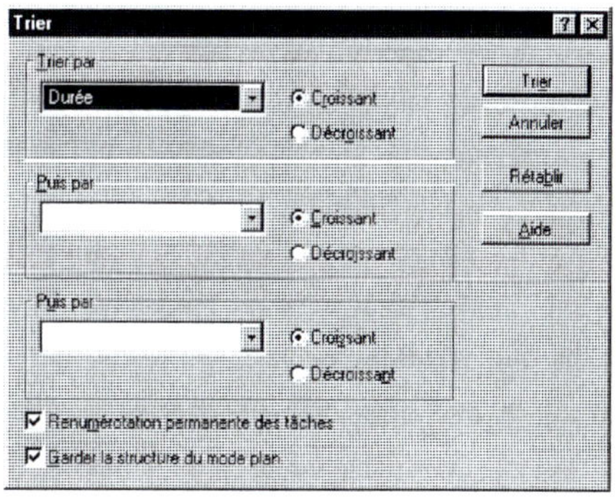

- Lancez la réorganisation des tâches par le bouton **Trier**.

  Les tâches sont proposées dans l'ordre demandé et elles sont renumérotées.

Lancer un tri facilement annulable

- ♦ Lancez impérativement votre tri par **Outils - Trier - Trier par**.
- ♦ Posez vos critères de tri.
- ♦ Désactivez l'option **Renumérotation permanente des tâches**.

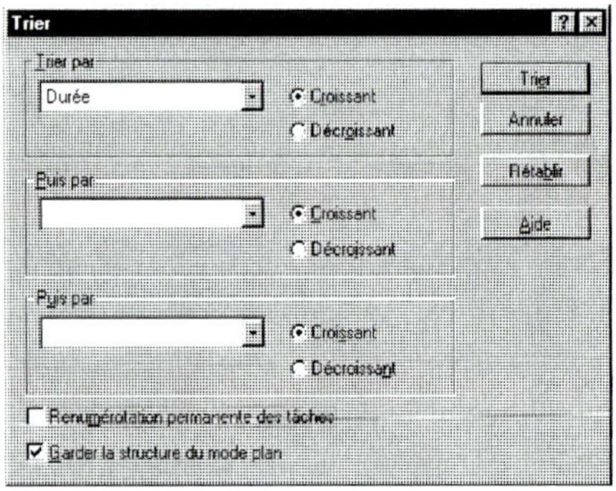

- ♦ Validez par **Trier**.

  Cette fois, les lignes sont réorganisées sans être renumérotées.
- ♦ Réalisez les manipulations souhaitées.
- ♦ Pour retrouver l'ordre d'origine, utilisez la combinaison de touches [⇧ Shift] [F3].

  Nous retrouvons intacte la liste des tâches.

❏ *En fait, le raccourci [⇧ Shift] [F3] évite d'utiliser :* ***Outils - Trier par - Trier par : N° - Trier****.*

.... Notes personnelles....................

Rechercher le meilleur équilibre d'un projet

- A ce stade de la conception, nous supposons que vous avez listé et ordonné les tâches jugées indispensables.
- La recherche du meilleur équilibre consiste à ajuster le chemin critique du projet pour tenir les délais et optimiser les durées tout en conservant la qualité.
- Rechercher l'équilibre parfait est utopique du fait des changements permanents qui peuvent intervenir et modifier vos plans. Mais, il est conseillé d'ajuster au mieux avant que le projet ne soit en cours de réalisation.

Ajuster le chemin critique

Pourquoi ajuster ?

- La date de fin est directement liée à la durée des tâches figurant sur ce chemin ; c'est pourquoi on dit les tâches **critiques**.
- L'optimisation des délais passe en priorité par l'optimisation des tâches situées sur ce chemin.

Afficher le chemin

- Affichez le réseau PERT par **Affichage - Réseau PERT**.

  Nous vous rappelons que les boîtes rouges correspondent aux tâches critiques.
- Affichez le Gantt par **Affichage - Diagramme de Gantt** ; ouvrez la liste **Filtre** et sélectionnez **Tâches critiques**.
- Personnalisez le Gantt affiché à l'écran grâce au bouton Assistant Diagramme de Gantt ( ).
  Atteignez l'étape 2 en cliquant sur le bouton **Suivant**.

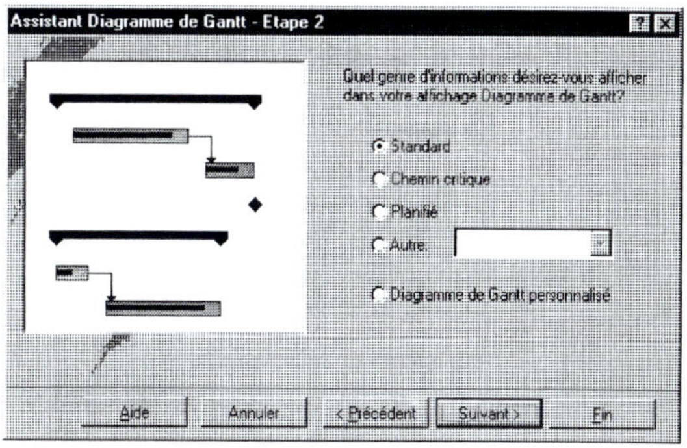

- Choisissez alors l'option **Chemin critique** et cliquez sur **Fin**. Cliquez ensuite sur le bouton **Le mettre en forme** puis sur **Quitter l'Assistant**.

  Les barres des tâches critiques sont en rouge ainsi que les flèches de liaison.

Imprimer le chemin critique

- A partir du Gantt, filtrez les tâches critiques, affichez les colonnes de votre choix et lancez l'impression.

  ou

  Affichez le **Réseau PERT** et imprimez-le.

  ou

  Utilisez **Affichage - Rapports**.
  Double cliquez sur la catégorie **Vue d'ensemble** puis sur **Tâches critiques**.
  Lancez l'impression par le bouton **Imprimer** puis **OK**.

  Cette impression est une réelle mine d'informations sur les tâches critiques et vous permet de mieux cerner les tâches à ajuster.

- Cliquez ensuite sur **Annuler** pour quitter l'impression des rapports.

Poser une date de contrainte

- Double cliquez sur la tâche concernée.
- Activez l'onglet **Confirmé**.

  Le cadre ***Contrainte sur la tâche*** *est celui qui nous intéresse ici.*

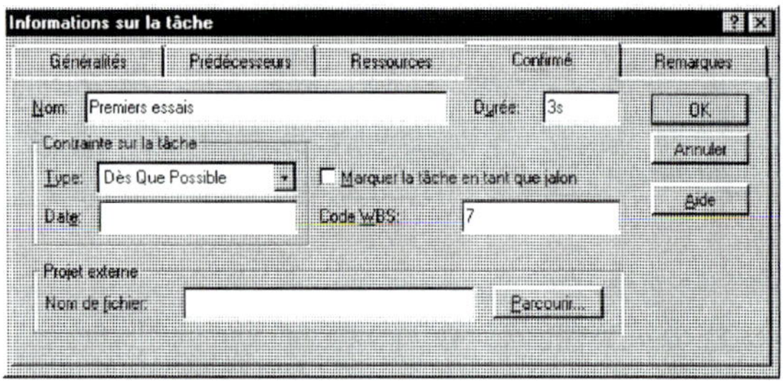

- Ouvrez la liste **Type** et choisissez la nature de la contrainte grâce aux options suivantes :

Dès Que Possible	Ceci correspond en fait à aucune contrainte. La tâche commence dès que possible en fonction des autres contraintes et des liaisons.
Doit Commencer Le (1)	La tâche doit commencer à une date précise.
Doit Finir Le (1)	La tâche doit se terminer à une date précise.

(1) Ces deux contraintes sont dites DURES car elles ne laissent aucun degré de liberté, ni en avant, ni en arrière.

Début Au Plus Tôt Le — La tâche doit commencer au plus tôt à la date stipulée. S'applique aux tâches qui ne peuvent pas commencer avant une date donnée.

Fin Au Plus Tôt Le — La tâche doit s'achever au plus tôt à la date précisée. S'applique aux tâches qui ne peuvent pas se terminer avant une date donnée.

Début Au Plus Tard Le — La tâche doit commencer au plus tard à la date précisée. Cette option permet de garantir qu'une tâche ne commencera pas après une date déterminée.

Fin Au Plus Tard Le — La tâche doit s'achever au plus tard à la date précisée. Cette option permet de garantir qu'une tâche ne se terminera pas après une date déterminée.

Le Plus Tard Possible — La tâche commencera le plus tard possible en fonction des autres contraintes et liaisons.

- ♦ Cliquez alors dans la zone **Date** et renseignez la date de la contrainte.

Vous pouvez compléter une date par la saisie de l'heure en les séparant par un espace (exemple : 21/07/96 17:00).

- ♦ Validez par **OK**.

Vérifier l'intérêt des dates de contraintes posées

Par l'application d'un filtre

- ♦ Ouvrez la liste **Filtre** de la barre d'outils **Format**.
- ♦ En début de liste, cliquez sur **Tâches avec dates figées**.

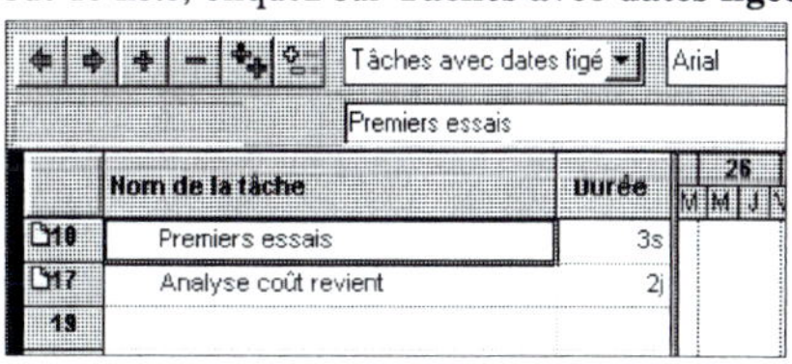

*Project ne liste plus que les tâches pour lesquelles le type de contrainte est différent de **Dès que possible**. Mais, vous ne visualisez pas ces dates.*

Au cours des suivis d'avancement, ce filtre concerne aussi les tâches qui ont une date de début réel.

Par la table des dates de contrainte

♦ Ouvrez le menu **Affichage** et cliquez sur l'option **Table**.

♦ Choisissez alors l'option **Plus de tables**.

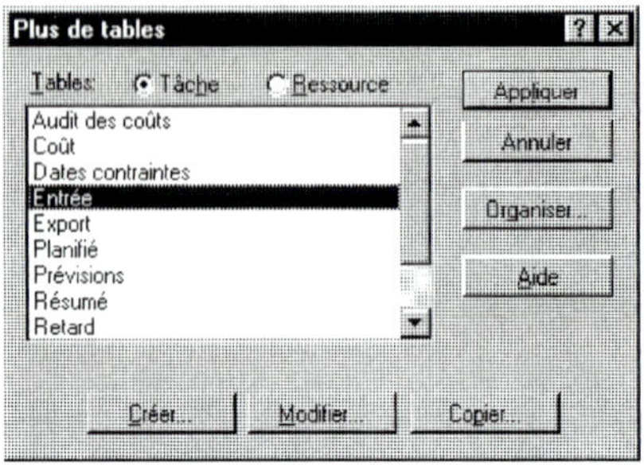

♦ Sur la boîte de dialogue affichée, double cliquez sur **Dates contraintes**.

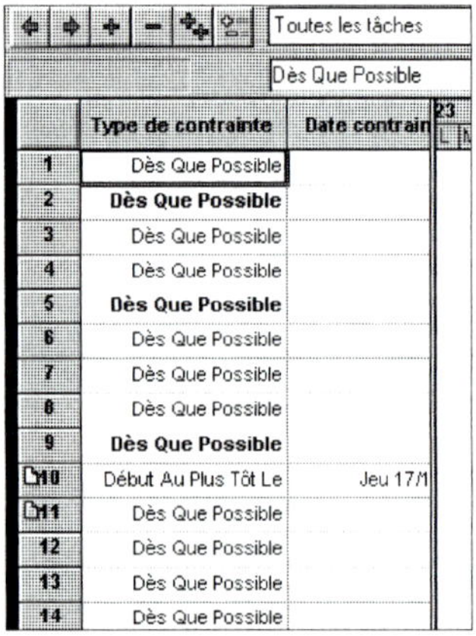

*Pour chaque tâche, cette table liste son numéro, son nom, sa durée, son **Type de contrainte** et sa **Date contrainte** (pour le vérifier, faites défiler la table). Nous vous rappelons que le type **Dès que possible** revient à "pas de contrainte".*

Prendre conscience des marges existantes

Avant de passer en phase de réalisation d'un projet, nous vous conseillons de bien vérifier les marges dont vous disposez.

Par la table prévisions

♦ **Affichage**
Table
Prévisions

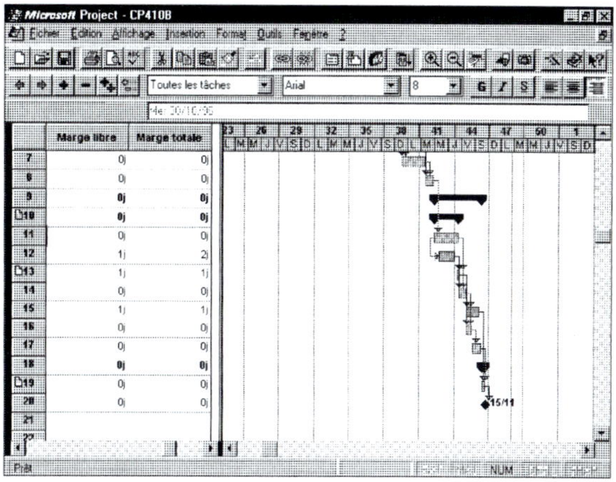

*Les deux dernières colonnes sont les colonnes **Marge libre** et **Marge totale**.*

Par le gantt relatif aux marges

- **Affichage**
  Plus d'affichages
- Double cliquez sur **Gantt relatif aux marges**.

  Les barres des tâches critiques s'affichent en rouge.

  Les tâches non critiques sont en bleu, leur marge est matérialisée par un trait vert et, la durée de leur marge libre est affichée.

  *La table proposée est la table **Retard**.*
- Si vous ne visualisez pas le graphique du Gantt, faites **Affichage - Zoom - Ensemble du projet - OK**.

Mettre à jour l'avancement des tâches

Par un calcul automatique de Project

- **Outils**
  Suivi
  Mettre à jour le projet.
- Conservez active l'option **Mettre à jour le travail comme étant achevé jusqu'au**.
- Au besoin, précisez la date de mise à jour dans la zone de saisie qui suit.
- Choisissez l'une des deux solutions suivantes :

Définir 0% - 100% achevé	Project calcule les pourcentages réels d'avancement.
Définir 0% - 100% achevé seulement.	Project attribue 100% aux tâches terminées et 0% aux autres même si elles sont commencées !

♦ Au besoin, indiquez qui est concerné par la mise à jour : l'**Ensemble du projet** ou les **Tâches sélectionnées**.

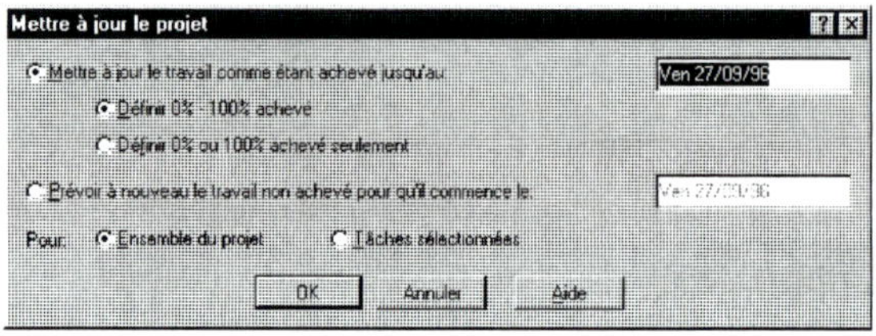

♦ Validez par **OK**.

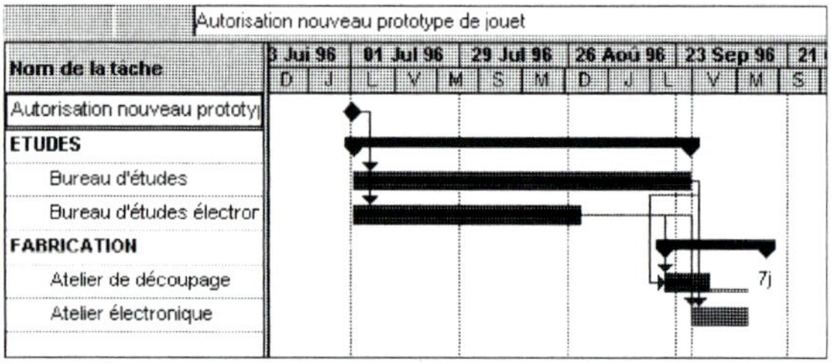

Dans les barres du planning du Gantt s'affichent des lignes noires qui symbolisent les pourcentages d'avancement.

Par la saisie d'informations

♦ Sélectionnez la tâche concernée.

♦ **Outils**
Suivi
Mettre à jour les tâches

Cette boîte de dialogue permet de mettre à jour tout ce qui concerne le suivi des tâches.

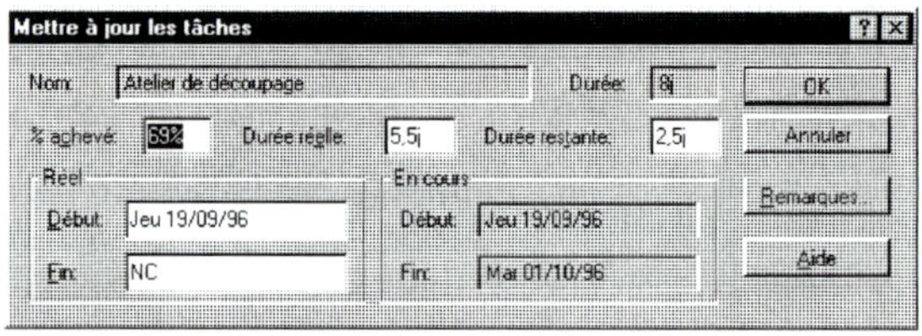

♦ En fonction des réalisations effectuées, mettez à jour vos tâches.

Saisir les charges du travail réalisé sur les tâches

♦ Soyez en affichage d'un Gantt.

♦ **Affichage**
Table
Travail

Cette table se compose des champs suivants : N°, ***Nom de la tâche****,* ***Travail****,* ***Planifié****,* ***Variation****,* ***Réel****,* ***Restant****,* ***% T. achevé****.*

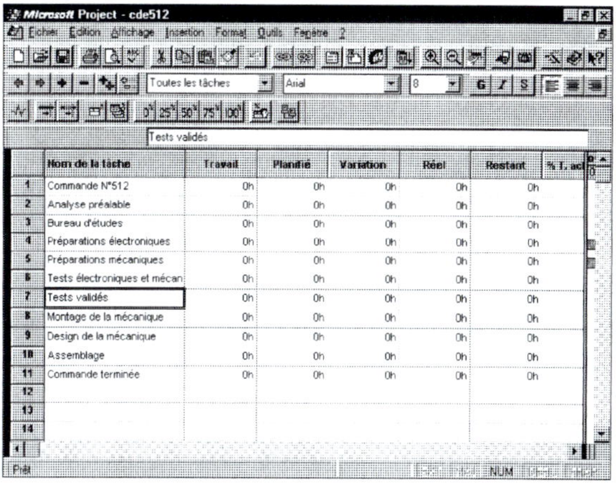

- ♦ Si l'unité de temps proposée dans la colonne **Travail** n'est pas conforme à votre attente, utilisez **Outils - Options**,

  Activez l'onglet **Prévisions** et travaillez avec la liste **Afficher le travail en** puis validez par **OK**.
- ♦ Dans la colonne **Travail**, saisissez vos charges de travail.

  Ces charges sont dues au nombre de personnes affectées, si elles le sont à temps complet ou non, aux prévisions des heures supplémentaires...

  Ici, nous les saisissons manuellement car nous ne voulons pas affecter de ressources précises. Si nous le faisions, Project calculerait ce champ seul.

Saisir des informations pour le suivi

Pour les tâches terminées

- ♦ Activez la boîte de dialogue **Mise à jour des tâches** (**Outils - Suivi - Mettre à jour les tâches**).
- ♦ Si tout s'est déroulé conformément aux prévisions, tapez **100** dans la zone **% achevé** ou **0** en tant que **Durée restante**.
- ♦ Si la tâche a duré plus longtemps que prévu, renseignez sa **Durée réelle**.

  La tâche est considérée comme terminée lorsque la durée réelle est *<u>supérieure ou égale</u>* *à la durée planifiée !*

  Une tâche est également considérée comme terminée si vous renseignez son début réel et sa fin réelle ou seulement sa fin réelle.

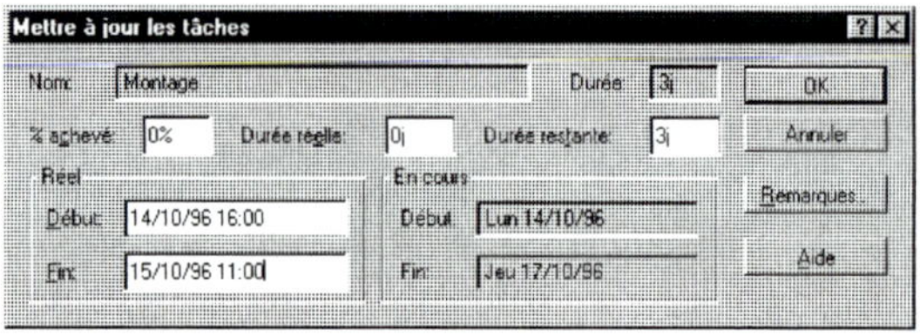

♦ Validez.

Pour les tâches non terminées

♦ Pour indiquer qu'une tâche est non terminée, précisez un **% achevé** compris entre 0 et 100%, une **Durée restante** supérieure à zéro ou une **Durée réelle** inférieure à la durée planifiée.

♦ En ne renseignant qu'un seul de ces champs, Project calcule toutes les autres données par rapport à la planification initiale. Si cela n'est pas en conformité avec la réalité, utilisez plusieurs champs. Attention, lors des calculs, Project ne prend pas en compte la date du jour !

♦ Afin de mieux comprendre ces remarques, consultez les exemples suivants, pour une tâche planifiée sur une durée de 5 jours :

A - Au bout de 2,5 jours, tout est conforme à la planification :

Saisies	Calculs réalisés par Project
% achevé : 50	durée réelle 2,5j durée restante 2,5j
Durée réelle : 2,5j	% achevé : 50 durée restante : 2,5j
Durée restante : 2,5j	% achevé : 50 durée réelle : 2,5j

B - Au bout de 3 jours, on n'a réalisé que 50% du travail :

Saisies	Calculs réalisés par Project
% achevé : 50	durée réelle : 2,5j durée restante : 2,5j
Durée réelle : 3j	% achevé : 60 durée restante : 2j

Pour être conforme à la réalité, il faut saisir **% achevé : 50** et **durée réelle : 3j**.

Project comprend alors que la durée de la tâche sera plus longue, il va baser ses calculs sur une durée de 6 jours et, donc, mettre 3 jours en durée restante.

C - Au bout de 3 jours, on s'aperçoit qu'il reste encore 4 jours de travail :

Saisies	Calculs réalisés par Project
Durée réelle : 3j	% achevé : 60 durée restante : 2j
Durée restante : 4j	% achevé : 20% durée réelle : 1j

Pour se conformer à la réalité, il faut renseigner **durée réelle 3j** et **durée restante 4j**.

En ce cas, Project passe la durée de cette tâche à 7 jours et calcule 43% en % achevé.

Constater les écarts entre réalisations et prévisions

Par le Gantt suivi

- **Affichage**
  Plus d'affichages
- Faites défiler la liste et double cliquez sur **Gantt suivi**.
- Au besoin, utilisez **Affichage - Zoom - Ensemble du projet - OK**.

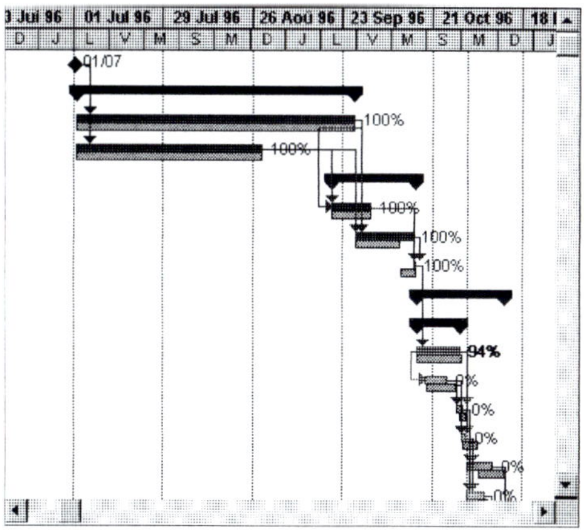

La partie grise des barres correspond à ce qui est planifié.

La partie bleue (ou rouge pour les tâches critiques) correspond à la réalité.

Les % d'achèvement sont affichés.

Par la table variation

- **Affichage**
  Table
  Variation

	Variation date de début	Variance date de fin
1	0j	0j
2	**0j**	**0j**
3	0j	0j
4	0j	0j
5	**0j**	**-0,5j**
6	0j	0j
7	0j	2j
8	2j	-0,5j
9	**-0,5j**	**-0,5j**
10	**-0,5j**	**-0,5j**
11	-0,5j	-0,5j
12	-0,5j	-0,5j

*Project y affiche en dernière position les colonnes **Variation date de début** et **Variation date de fin**.*

Les variations sont reportées d'une tâche à l'autre en fonction de l'ordonnancement des tâches !

Par une table personnalisée

- **Affichage**
  Table
  Plus de tables
- Pour la concevoir, cliquez sur le bouton **Créer**.
- Renseignez la boîte de dialogue **Définition d'une table**.

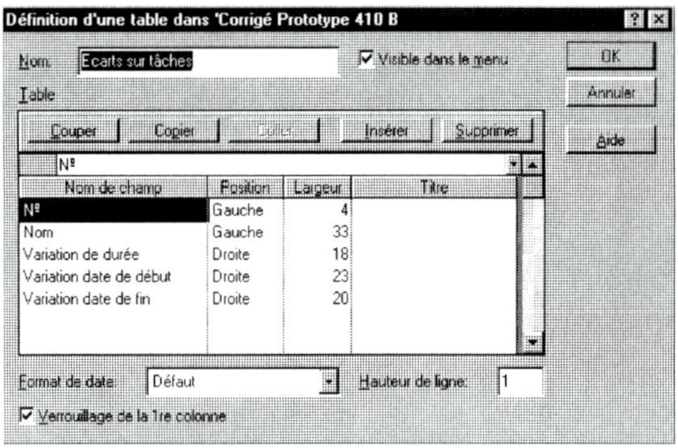

- Validez par **OK** puis cliquez sur **Appliquer**.
- Utilisez alors cette table comme toutes les autres.

Mettre à jour les tâches d'un intervalle de temps

- Sélectionnez les tâches à mettre à jour.
- Au besoin, affichez la barre des outils de Suivi.
- Cliquez sur le bouton **Mettre à jour la plage de tâches** ().

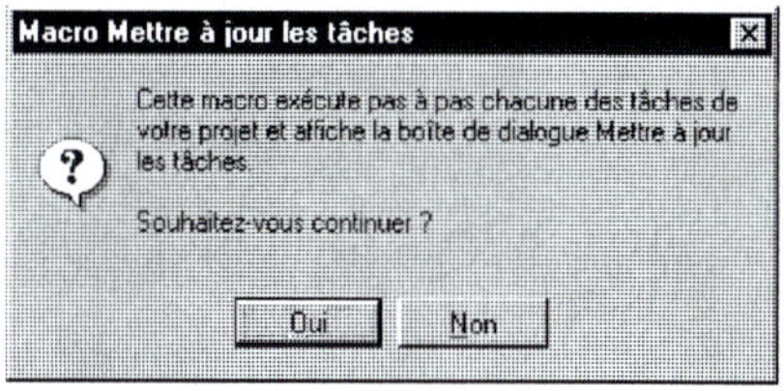

- Sur la boîte de dialogue affichée, confirmez par **Oui** pour la mise à jour des tâches sélectionnées.
- Indiquez ensuite que vous souhaitez travailler sur une **Plage spécifique** en cliquant sur le bouton correspondant.
- Saisissez puis validez la borne inférieure de l'intervalle de temps.
- Saisissez puis validez la borne supérieure.
- Mettez les tâches à jour et confirmez chaque suivi en cliquant sur **OK**.

Dès que Project atteint la borne supérieure, il interrompt sa macro.

Prévoir le glissement de tâches non achevées

- Sélectionnez les tâches concernées.
- **Outils**
  Suivi
  Mettre à jour le projet
- Activez l'option **Prévoir à nouveau le travail non achevé pour qu'il commence le**.
- Au besoin, renseignez la date dans la zone adjacente.
- Précisez **Pour** quelles tâches ce glissement doit s'effectuer.

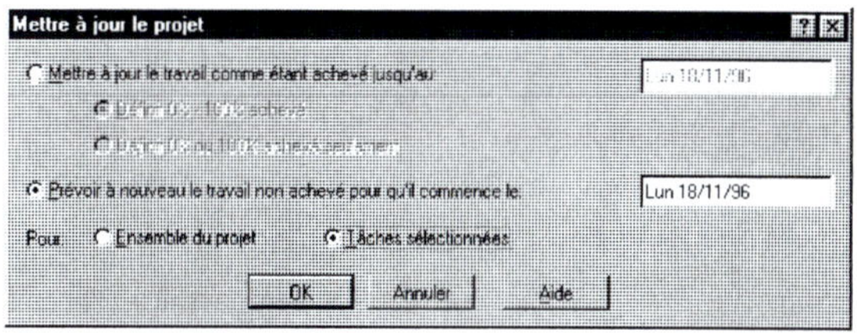

- Confirmez par **OK**.

Examiner les tâches terminées

Par l'application d'un filtre

- A partir d'un affichage des tâches, ouvrez la liste **Filtre**.
- Remontez dans la liste et cliquez sur **Tâches achevées**.

Par un rapport spécifique

- **Affichage**
  Rapports

♦ Double cliquez sur **Activités en cours** puis, sur **Tâches achevées**.

♦ Choisissez alors d'**Imprimer** et confirmez par **OK**.

Ce rapport présente en lignes un bilan mensuel.

Examiner les tâches en cours

À l'affichage

♦ Ouvrez la liste **Filtre**.

♦ Cliquez sur **Tâches en cours de réalisation**.

À l'impression

♦ **Affichage**
Rapports

♦ Double cliquez sur **Activités en cours** puis, sur **Tâches en cours de réalisation**.

♦ Choisissez d'**Imprimer** puis cliquez sur **OK**.

Examiner les tâches en glissement

Grâce au filtre

♦ Ouvrez la liste **Filtre**.

♦ Optez pour **Tâches en glissement**.

Grâce à un rapport

♦ **Affichage**
Rapports

♦ Double cliquez sur **Activités en cours** puis sur **Tâches en glissement**.

♦ Choisissez d'**Imprimer** puis cliquez sur **OK**.

. . . . *Notes personnelles* . . . .

Découvrir les ressources

- La réalisation des tâches d'un projet est considérée comme une production effectuée par les **ressources**. Ce terme est à prendre au sens large : moyens en hommes, matériels ou services.
- Toutes ces ressources ont le plus souvent des caractéristiques communes : elles ont une disponibilité limitée ; elles peuvent parfois être partagées entre différents projets ; elles ont leur propre capacité de production ; elles ont un coût...
  Il est donc nécessaire de rapprocher le planning prévisionnel et la disponibilité des moyens nécessaires à son exécution.
- On estime que la gestion détaillée ne se justifie peut-être pas au-delà d'un horizon de 6 à 12 mois.
- Commencez par déterminer les compétences ou profils requis pour chaque tâche puis la quantité de ressources nécessaires pour tenir les délais. Enfin, passez de ces ressources globales aux ressources nominatives.

Créer la liste des ressources

- **Affichage**
  Tableau des ressources

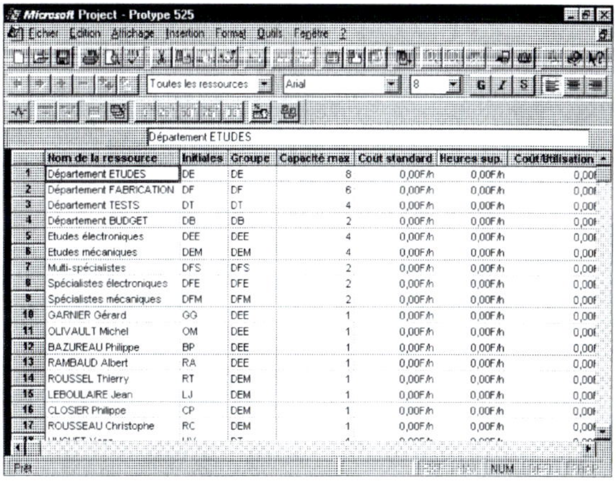

	Nom de la ressource	Initiales	Groupe	Capacité max	Coût standard	Heures sup.	Coût/Utilisation
1	Département ETUDES	DE	DE	8	0,00F/h	0,00F/h	0,00F
2	Département FABRICATION	DF	DF	6	0,00F/h	0,00F/h	0,00F
3	Département TESTS	DT	DT	4	0,00F/h	0,00F/h	0,00F
4	Département BUDGET	DB	DB	2	0,00F/h	0,00F/h	0,00F
5	Etudes électroniques	DEE	DEE	4	0,00F/h	0,00F/h	0,00F
6	Etudes mécaniques	DEM	DEM	4	0,00F/h	0,00F/h	0,00F
7	Multi-spécialistes	DFS	DFS	2	0,00F/h	0,00F/h	0,00F
8	Spécialistes électroniques	DFE	DFE	2	0,00F/h	0,00F/h	0,00F
9	Spécialistes mécaniques	DFM	DFM	2	0,00F/h	0,00F/h	0,00F
10	GARNIER Gérard	GG	DEE	1	0,00F/h	0,00F/h	0,00F
11	OLIVAULT Michel	OM	DEE	1	0,00F/h	0,00F/h	0,00F
12	BAZUREAU Philippe	BP	DEE	1	0,00F/h	0,00F/h	0,00F
13	RAMBAUD Albert	RA	DEE	1	0,00F/h	0,00F/h	0,00F
14	ROUSSEL Thierry	RT	DEM	1	0,00F/h	0,00F/h	0,00F
15	LEBOULAIRE Jean	LJ	DEM	1	0,00F/h	0,00F/h	0,00F
16	CLOSIER Philippe	CP	DEM	1	0,00F/h	0,00F/h	0,00F
17	ROUSSEAU Christophe	RC	DEM	1	0,00F/h	0,00F/h	0,00F

- Pour chaque ressource renseignez : son **Nom**, ses **Initiales**, son **Groupe** et sa **Capacité max**.

  *Le **Nom de la ressource** permet d'identifier la ressource, qu'elle soit "homme, matériel ou service".*

  *Le champ **Initiales** sert fréquemment de substitut au champ **Nom** et permet de désigner une ressource par ses initiales plutôt qu'en toutes lettres. Vous avez pu remarquer que sauf saisie de votre part, Project propose comme initiales la première lettre du nom de la ressource.*

  *Le champ **Groupe** offre l'avantage de pouvoir regrouper des ressources qui possèdent un même type de qualification.*

*L'information **Capacité max.** correspond au nombre maximum d'unités disponibles pour la ressource.*

Remplacer une ressource

- Sélectionnez les tâches concernées.
- Accédez à la fenêtre **Affectation des ressources**.
- Sélectionnez la ressource à remplacer.
- Cliquez sur le bouton **Remplacer**.
- Sélectionnez la nouvelle ressource.

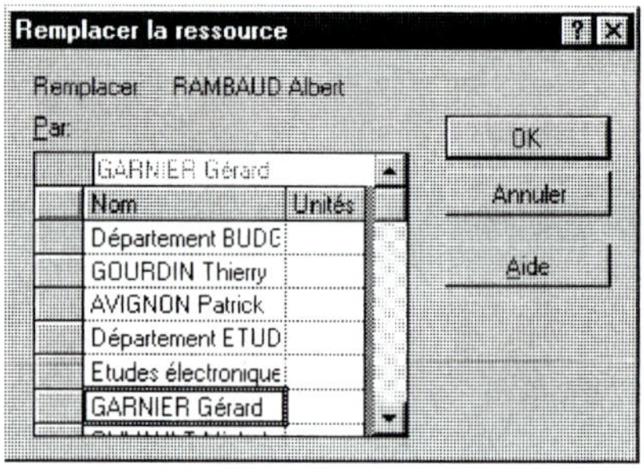

- Validez par **OK**.

Trier la liste des ressources

- **Outils**
  Trier

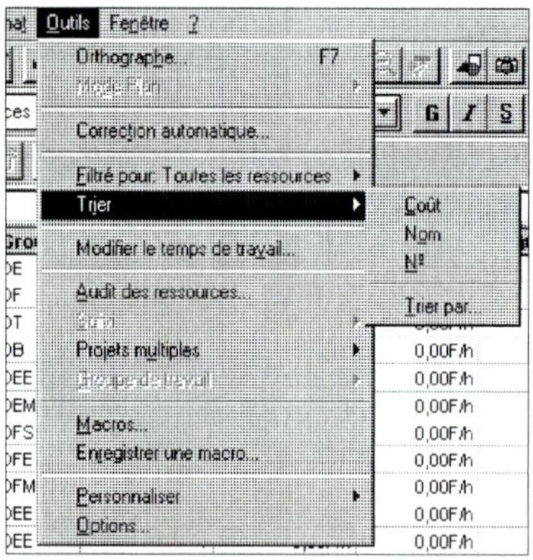

- Sélectionnez l'un des critères proposés par Project (**Coût**, **Nom**, **N°**) ou utilisez l'option **Trier par**.

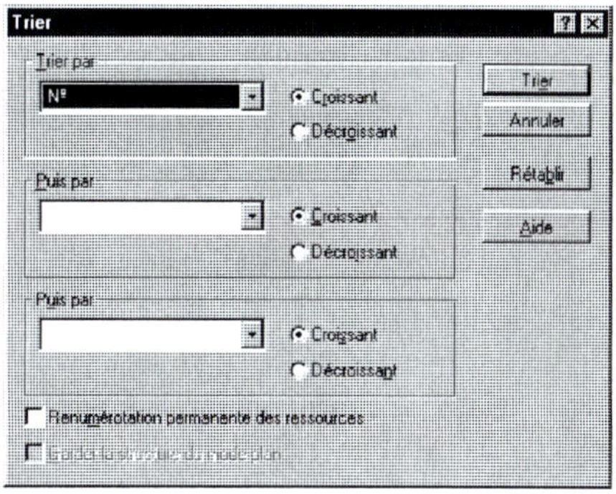

♦ Suite au choix **Trier par**, vous pouvez poser jusqu'à trois critères de tri, précisez leur sens (**Croissant** ou **Décroissant**) et indiquez si les ressources doivent être renumérotées ou non.

♦ Exécutez le tri par le bouton **Trier**.

Comme pour le tri des tâches, les tris peuvent être annulés par [⇧ Shift] [F3] *lorsque la renumérotation n'est pas demandée.*

Enregistrer une liste de ressources

♦ Lancez l'enregistrement de la consolidation en cliquant sur .

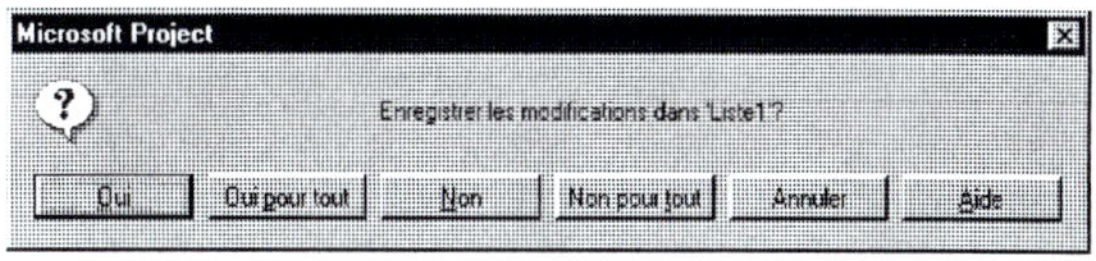

Project propose d'enregistrer en premier la liste des ressources.

♦ Acceptez d'enregistrer la liste des ressources par le bouton **Oui**.

♦ Donnez un nom à ce fichier avant de valider.

♦ Poursuivez l'enregistrement de la consolidation comme vous le souhaitez.

❑ *Le fichier de ressources est un fichier à part entière qui ne contient aucune tâche, mais uniquement des ressources. Son ouverture est similaire à celle d'un fichier source de ressources.*

Travailler sur les calendriers des ressources

De plusieurs ressources

♦ L'idée consiste à créer un nouveau calendrier.
A cette fin, utilisez **Outils** - **Modifier le temps de travail**.
Cliquez sur le bouton **Créer**.
Attribuez un **Nom** au nouveau calendrier.

Choisissez de quel calendrier vous souhaitez **Faire une copie**.

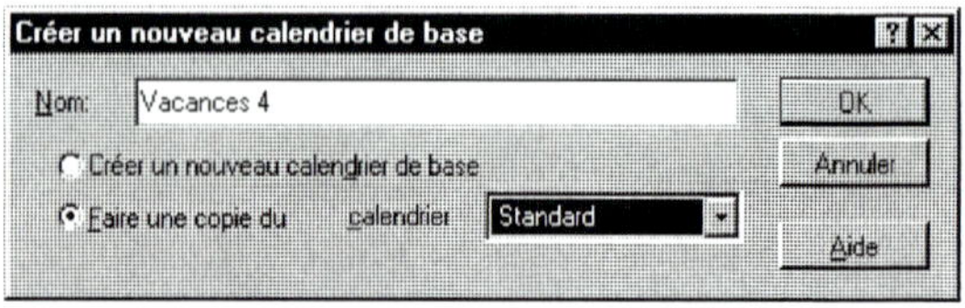

Validez par **OK**.

♦ Adaptez alors le calendrier à vos besoins.

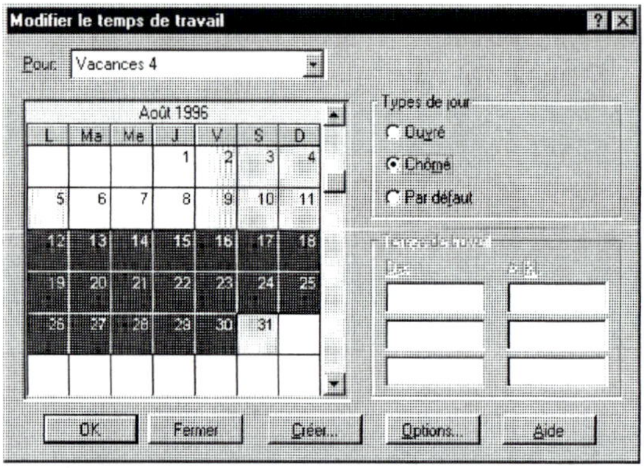

♦ Validez la création du calendrier par **OK**.

♦ L'étape suivante consiste à lier le nouveau calendrier aux personnes concernées. Pour cela, activez la cellule **Calendrier de base** de la ressource concernée (cette colonne est l'avant-dernière du tableau des ressources).

♦ Ouvrez la liste déroulante proposée au-dessus du tableau.

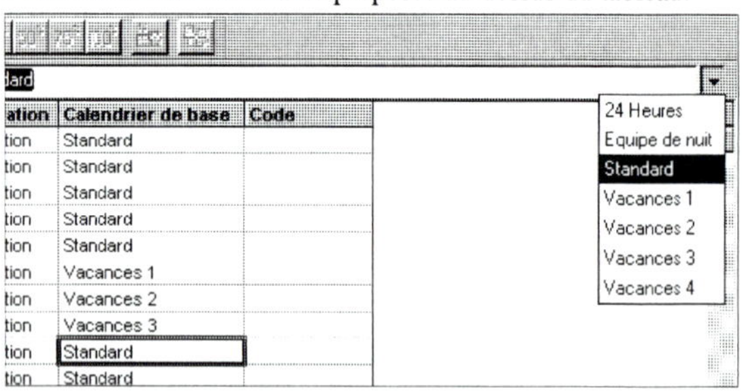

♦ Cliquez sur le calendrier adapté à la ressource.

♦ Validez par la touche Entrée ou en cliquant sur le bouton de la barre d'entrée.

D'une ressource

- **Outils**
  Modifier le temps de travail
- Ouvrez la liste **Pour**.

  *Outre le calendrier de base (**Standard**) et les calendriers créés par vos soins, Project propose un calendrier pour chaque ressource créée.*
- Cliquez sur le nom de la ressource concernée.
- Adaptez alors le calendrier aux besoins de la ressource.

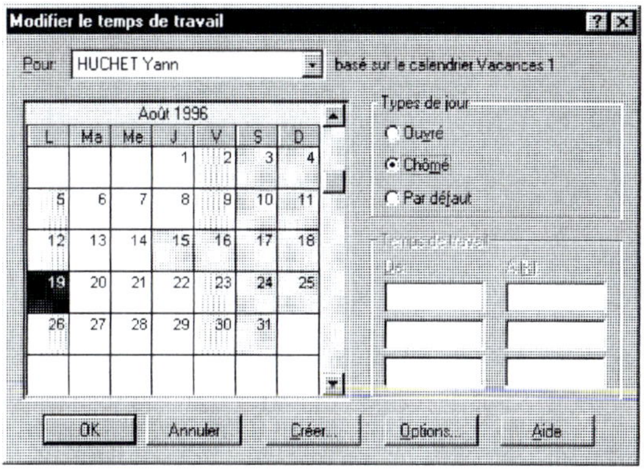

- Validez par **OK**.

Pour garder une trace papier des calendriers créés, procédez comme pour imprimer le calendrier du projet.

Examiner les ressources sur-utilisées

Les définir

- Une ressource est en sur-utilisation lorsque la quantité de travail qui lui est affectée dépasse sa disponibilité.
- Certaines sur-utilisations sont acceptables (1 heure sur deux semaines n'est pas une catastrophe), d'autres non.

Détecter les ressources sur-utilisées

- Dans le **Tableau des ressources**, dans la **Répartition des ressources** et dans l'affichage **Utilisation des ressources**, les ressources sur-utilisées sont affichées en rouge.
- Pour ne visualiser qu'elles, ouvrez la liste **Filtre** et cliquez sur **Ressources sur-utilisées**.
- Pour les imprimer, utilisez **Affichage - Rapports**,
  double cliquez sur **Affectations**
  puis sur **Ressources sur-utilisées**,
  choisissez **Imprimer** - **OK**,
  Quittez la sélection de rapports par **Annuler**.

L'impression offre l'avantage de lister les tâches auxquelles les ressources sont affectées.

Afficher les heures de travail excédentaire

- Affichez l'**Utilisation des ressources**.
- Cliquez avec le bouton DROIT dans la partie Calendrier.

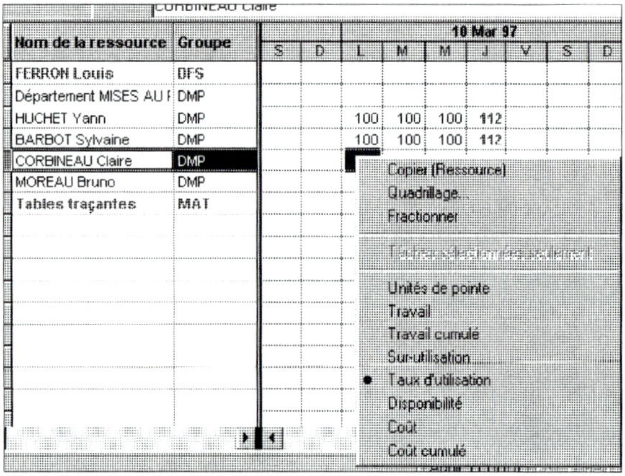

- Choisissez **Sur-utilisation**.
- Déplacez-vous vers la période de temps à examiner.

Régler le problème des sur-utilisations par l'audit

Le principe de l'audit

- Project retarde certaines tâches figurant dans les prévisions jusqu'à ce que les ressources affectées ne soient plus sur-utilisées.

Les données de base

- Accédez à l'audit par **Outils - Audit des ressources**.

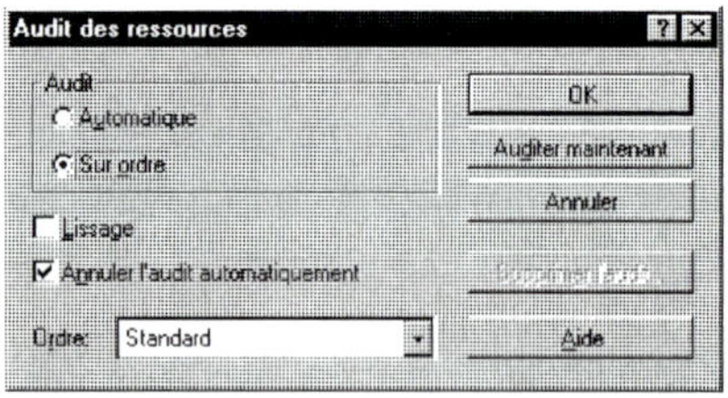

- Dans le cadre **Audit** choisissez soit **Automatique**, soit **Sur ordre**.
  Avec le premier choix, Project tente de régler les problèmes de sur-utilisation dès qu'ils se produisent. Ceci n'étant pas souhaitable, nous vous incitons à toujours conserver un **Audit Sur ordre**.

- Choisissez ensuite soit un audit par **Lissage** (lorsque l'option de même nom est cochée), soit un audit par Nivellement (lorsque l'option **Lissage** est non cochée).

  En cas de lissage, Project ne retarde les tâches qu'à l'intérieur de leur marge. Ceci est donc sans risque pour la date de fin !

- Cochez l'option **Annuler l'audit automatiquement** pour que, à chaque nouvel audit, Project annule les modifications issues de l'audit précédent.
- Intervenez alors sur l'**Ordre** dans lequel Project va retarder les tâches :

Standard	Project examine les relations de prédécesseurs, la marge, les dates et les priorités pour déterminer la tâche à retarder.
N° seulement	Project commence par retarder la tâche dont le numéro est le plus élevé.
Priorité, Standard	Project examine d'abord les priorités, puis les relations du prédécesseur, la marge et les dates pour déterminer la tâche à retarder.

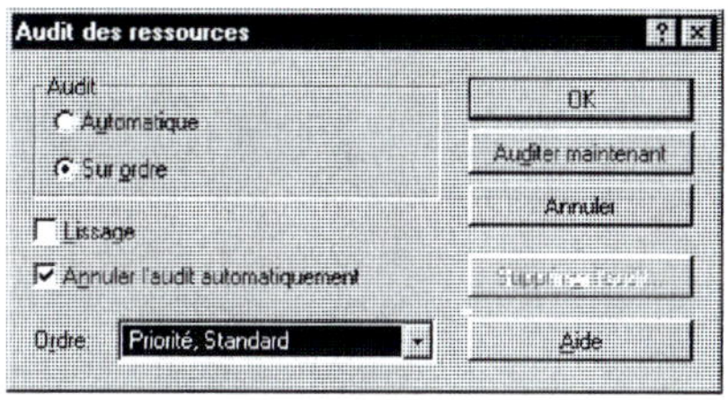

- Validez les informations entrées par **OK** ou validez-les et lancez simultanément l'audit par **Auditer maintenant**.

Définir les priorités des tâches

- Sélectionnez les tâches concernées par un même niveau de priorité.
- Cliquez sur le bouton **Informations** ().
- Dans l'onglet **Généralités**, ouvrez la liste **Priorité**.

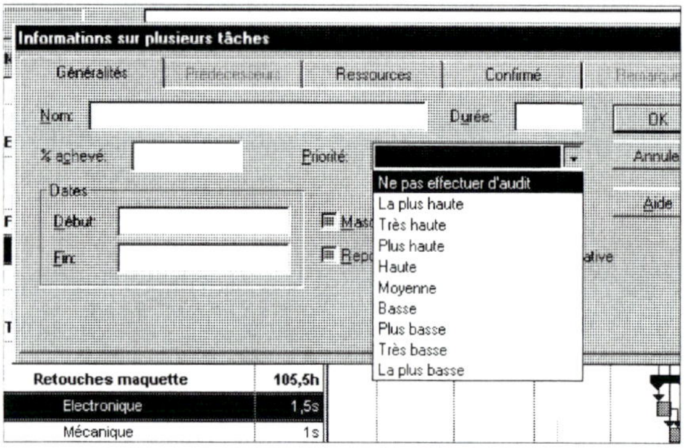

♦ Choisissez l'importance des tâches sélectionnées.

♦ Validez par **OK**.

Rien n'indique que des priorités ont été définies.

Afficher le Gantt relatif aux retards

♦ **Affichage**
Plus d'affichages

♦ Double cliquez sur **Gantt relatif aux retards**.

♦ Au besoin, zoomez l'affichage.

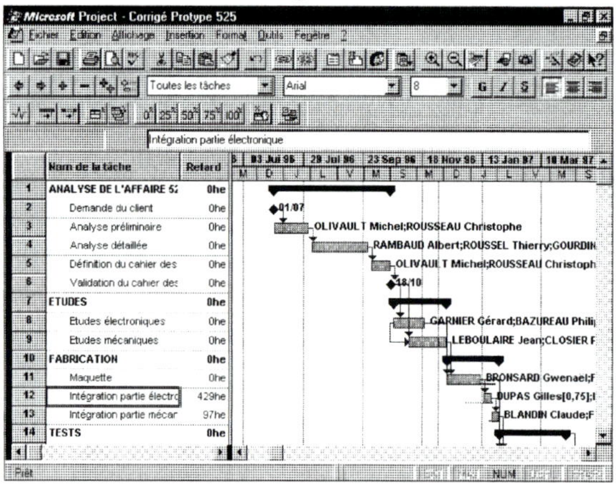

*La table proposée dans cet affichage est la table **Retard** qui contient le champ **Retard** des tâches.*

Sur le planning du Gantt les retards sont mis en évidence par une fine ligne de teinte verte.

Annuler un audit

♦ **Outils**
Audit des ressources

♦ Cliquez sur le bouton **Supprimer l'audit**.

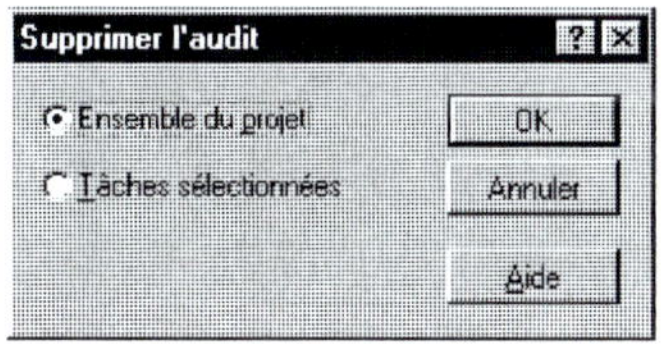

♦ Confirmez par **OK**.

Plus aucun retard n'est appliqué par Project.

Régler manuellement les problèmes de sur-utilisation

♦ Plusieurs possibilités s'offrent à vous pour régler les problèmes de sur-utilisations :

- Retarder une tâche en saisissant la valeur du décalage dans le champ **Retard** de la tâche (champ accessible par **Affichage - Table - Plus de tables - Retard**).
- Diviser les longues tâches en sous-tâches afin de procéder à des affectations plus précises des ressources.
- Sous-traiter la réalisation de certaines tâches : le problème des ressources n'est alors plus de votre ressort.
- Retarder le travail d'une ressource grâce à la fiche **Prévisions des ressources** et au champ **Retard**.
- Augmenter la disponibilité des ressources par ajustement des calendriers de ressources avec l'autorisation d'heures supplémentaires.
- Ajouter des ressources dans l'intention de diminuer la durée des tâches.
- Remplacer les ressources par d'autres ressources plus disponibles.
- Optimiser l'utilisation des ressources.

Suivre le travail de chaque ressource affectée

Sur des tâches terminées

♦ Faites un affichage combiné Gantt et fiche **Travail de la ressource**.

♦ Sélectionnez la tâche dans le Gantt.

♦ Saisissez vos informations de temps passé dans le champ **Travail réel** de la ressource, que ce temps soit supérieur ou inférieur au **Travail planifié**.

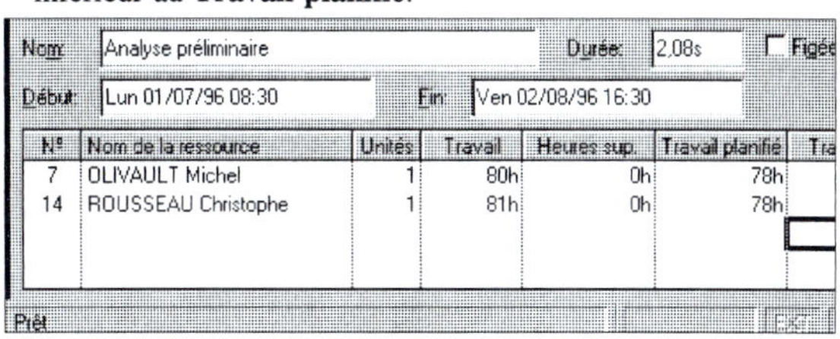

♦ Confirmez par le bouton **OK**.

Sur des tâches en cours

- Soyez en affichage combiné Gantt, **Travail de la ressource**.
- Lors du premier suivi, renseignez le **Travail réel** réalisé par la ressource.
- Un problème se pose dès le second suivi.
  Souvent, les ressources communiquent le travail qu'elles ont réalisé depuis le dernier suivi. Par exemple, elles disent : "Cette semaine nous avons travaillé tant d'heures sur cette tâche". A priori, la solution consiste à cumuler ce travail réel à l'ancien.
  L'ennui réside justement dans cette solution. Car, si vous indiquez un nouveau pourcentage d'avancement de la tâche, Project applique immédiatement son propre calcul de travail réel. Comment, dans ces conditions, retrouver le véritable travail réel précédent ?

❏ *Pour régler le problème posé par les suivis successifs du travail réalisé, vous devez :*

- *Dissocier la mise à jour des tâches de la mise à jour des ressources.*
- *Utiliser la carte horaire.*

Dissocier la mise à jour des tâches/ des ressources

- **Outils**
  Options
- Activez l'onglet **Prévisions**.

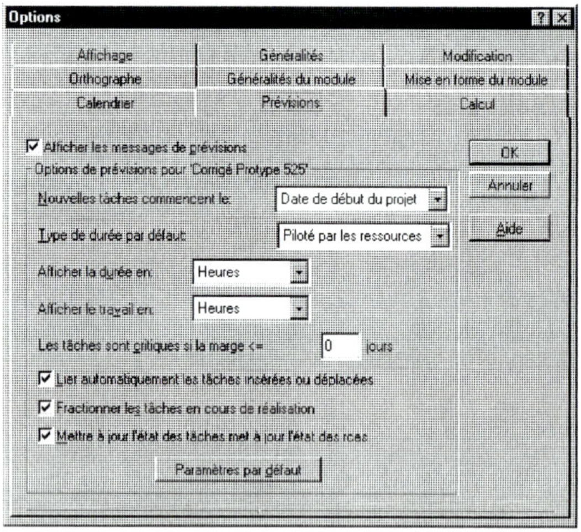

- Désactivez le bouton **Mettre à jour l'état des tâches met à jour l'état des rces**.
- Validez par **OK**.

Partager les ressources entre projets

- Ouvrez le fichier qui contient les ressources à partager (fichier appelé "Fichier source") et le fichier en attente des ressources (fichier appelé "Fichier récepteur").
- Activez le fichier récepteur.
- **Outils**
  Projets multiples
- Choisissez l'option **Partager les ressources**.

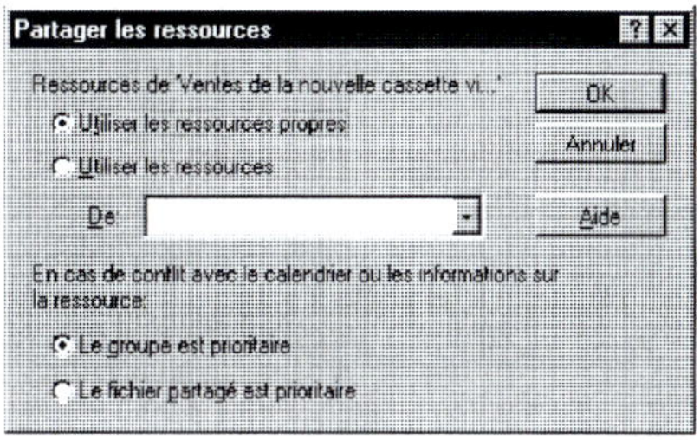

- Activez l'option **Utiliser les ressources**.
- Sélectionnez le fichier source dans la liste **De**.

  Cette liste ne propose que les fichiers ouverts non actifs.
- Indiquez ensuite si **Le groupe est prioritaire** ou si **Le fichier partagé est prioritaire**.

  En cas de problème de sur-utilisation de ressources sur les deux projets ou, en cas de conflit de calendrier, avec ***Le groupe est prioritaire*** *c'est le fichier source qui est prédominant. Avec le second choix, c'est le fichier actif, c'est-à-dire le fichier récepteur qui prédomine.*

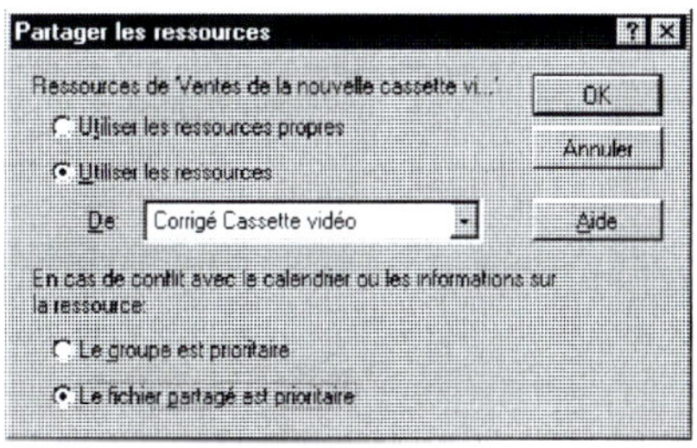

- Validez par **OK**.

Gérer les ressources partagées

Découvrir l'accessibilité des ressources partagées

- Tant que le fichier source et le fichier récepteur restent ouverts, toutes les ressources du source sont accessibles. Vérifiez-le par **Affichage - Tableau des ressources**.
  L'affichage **Répartition des ressources** liste toutes les tâches auxquelles la ressource sélectionnée a été affectée (pour les projets ouverts). Pour le vérifier, faites **Affichage - Plus**

d'affichages et double cliquez sur **Répartition des ressources**. Sélectionnez ensuite la ressource voulue.

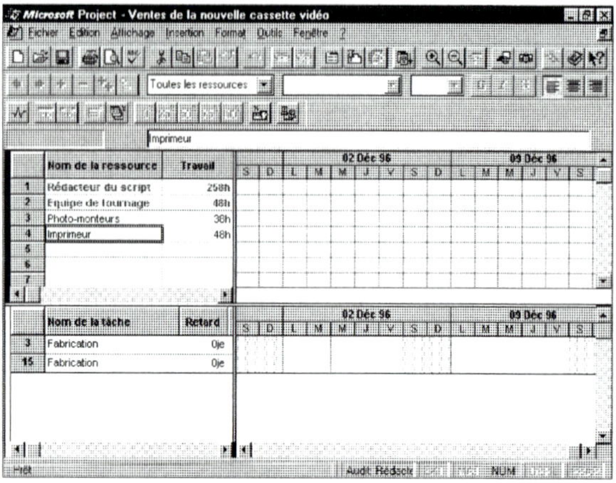

- Dès que le fichier source est fermé, seules les ressources utilisées par le fichier récepteur restent accessibles.

Pour ouvrir un projet source de ressources partagées, ouvrez-le comme tout fichier Project.

Modifier une ressource partagée

- Ouvrez le fichier source et le fichier récepteur.
- Modifiez la ressource à partir de l'un ou l'autre des projets.

Autoriser des heures supplémentaires

- Sélectionnez la tâche concernée.
- **Fenêtre**
  Fractionner
- Cliquez avec le bouton DROIT dans la fiche visualisée.
- Optez pour **Travail de la ressource**.
  *Le champ **Heures sup.** y est proposé.*
- Renseignez les heures supplémentaires accordées en suivant les consignes suivantes :
  S'il doit y avoir une diminution de la durée de la tâche, saisissez uniquement le nombre d'heures supplémentaires.
  Si la durée de la tâche doit demeurer inchangée, renseignez le nombre d'heures supplémentaires et le nombre d'heures travaillées.
  Le principe du calcul est le suivant :
  DURÉE (de la tâche) = TRAVAIL - HEURES SUP.
- Validez par un clic sur le bouton **OK** de la fiche.
  *Tant que le bouton **OK** est affichée dans la fenêtre, Project ne prend pas en compte les changements apportés.*

*Dès que **Préc.** et **Suiv.** s'affichent, vous savez que Project a enregistré les changements.*

♦ Pour revenir en affichage standard, utilisez **Fenêtre - Supprimer le fractionnement**.

Saisir une remarque sur une ressource

La créer

♦ Sélectionnez la ressource concernée.

♦ Cliquez sur le bouton **Attacher une remarque** ().

♦ Saisissez vos observations.

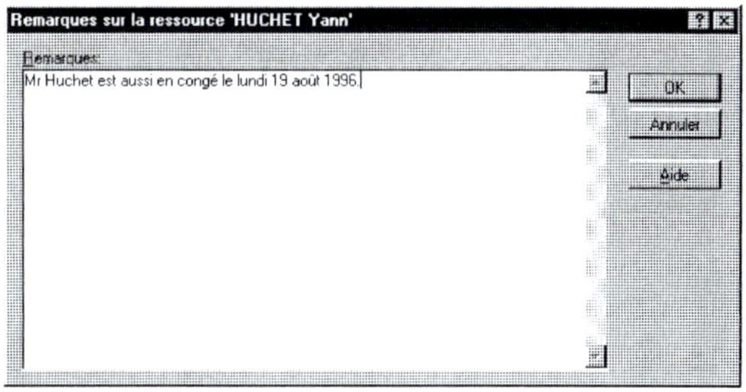

♦ Validez par **OK**.

Comme pour les tâches, une feuille à gauche du numéro de la ressource matérialise la présence d'une remarque.

Consulter des remarques

♦ S'il n'y a qu'une remarque à consulter, procédez comme lors de la création.

♦ Pour consulter plusieurs remarques, choisissez : **Fenêtre - Fractionner**.

Comme en affichage des tâches, une fiche apparaît dans le bas de l'écran.

♦ Cliquez avec le bouton DROIT dans la fiche visualisée

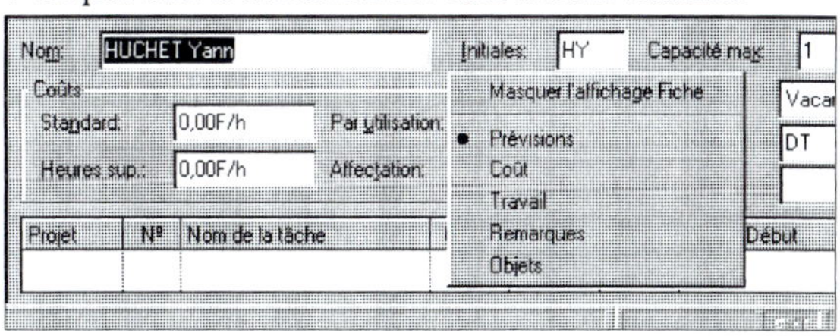

♦ Parmi les fiches spécifiques aux ressources, cliquez sur **Remarques**.

♦ Sélectionnez dans la partie supérieure de la fenêtre, la ressource à étudier.

♦ Mettez fin à la consultation par **Fenêtre - Supprimer le fractionnement**.

. . . . *Notes personnelles.* . . . .

Ajouter une ressource

- A chaque ajout de ressources, vous devez vous interroger sur la raison de cet ajout :
  Souhaitez-vous ajouter la ressource parce que vous avez oublié de l'affecter ?
  ou
  Souhaitez-vous ajouter la ressource afin de mieux répartir la charge de travail et donc diminuer la durée de la tâche ?
- Si par exemple, vous avez programmé une tâche sur 6 jours car vous saviez que vous alliez lui affecter deux personnes :

Cas numéro 1	lors des affectations, vous avez affecté une ressource mais vous avez oublié l'autre. Son ajout répond à l'interrogation numéro 1.
Cas numéro 2	lors des affectations, vous attribuez les deux ressources prévues. Un responsable vient et vous demande de diminuer la durée de la tâche. Une idée est d'ajouter une troisième personne pour que le travail soit fait plus rapidement.

Avec une durée de tâche inchangée

- Procédez comme pour une affectation initiale de ressource.

  La ressource a été ajoutée à la première, avec une durée de tâche inchangée.

Avec une diminution de la durée de la tâche

- Sélectionnez la tâche concernée.
- **Outils**
  Macros

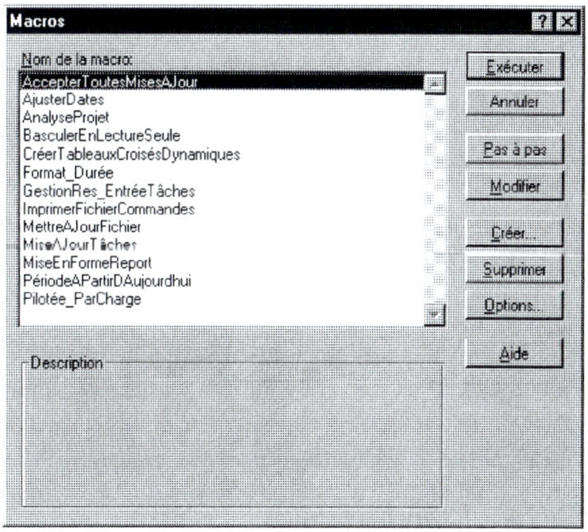

- Sur la liste **Nom de la macro**, double cliquez sur **Pilotée_ParCharge**.

  La macro s'exécute et affiche la boîte de dialogue d'informations sur la tâche sélectionnée.
- Ajoutez les ressources dans le tableau présenté.
- Validez par **OK**.

  Les initiales des ressources ajoutées apparaissent dans le Gantt.

Supprimer une affectation de ressource

Comme pour tout changement dans les affectations, demandez-vous si ce changement aura une incidence sur la durée de la tâche.

Sans changer la durée de la tâche

- Sélectionnez les tâches concernées.
- Accédez à la fenêtre **Affectation des ressources**.
- Sélectionnez la ressource concernée.
- Cliquez sur le bouton **Supprimer**.

En allongeant la durée de la tâche

- Sélectionnez la tâche concernée.
- **Outils**
  Macros
- Sur la liste **Nom de la macro**, double cliquez sur **Pilotée_ParCharge**.

- Dans la boîte de dialogue **Informations sur la tâche**, cliquez sur le nom de la ressource à supprimer.
- Appuyez sur la touche Suppr

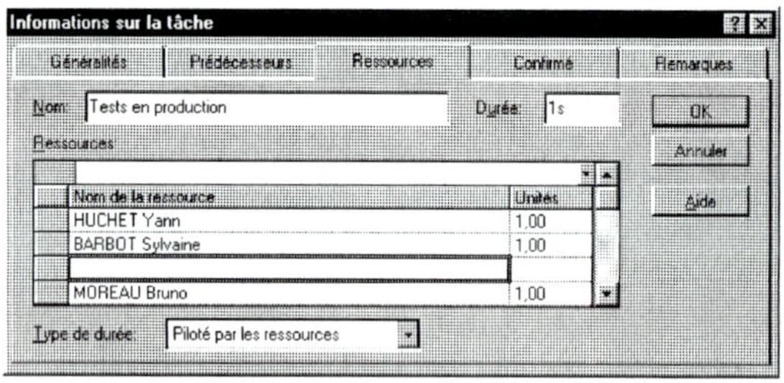

- Confirmez la suppression par **OK**.

Affecter des ressources à temps complet aux tâches

- Soyez en affichage d'un Gantt.
- Sélectionnez les tâches concernées par une même affectation de ressources.
- Cliquez sur le bouton **Affectation des ressources** ().

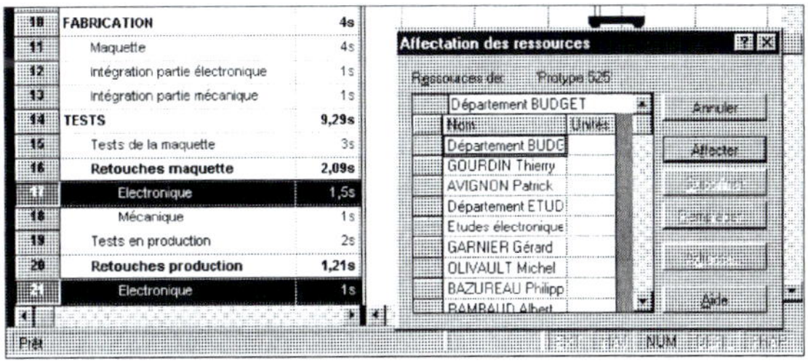

La fenêtre qui s'ouvre liste toutes les ressources créées.

- Sélectionnez les ressources à affecter à temps complet.
- Cliquez sur le bouton **Affecter**.

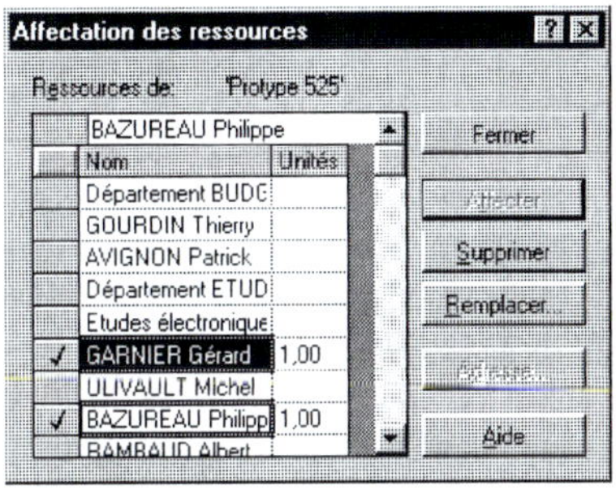

Une coche vient précéder le nom des ressources affectées aux tâches sélectionnées.

*La valeur 1 dans la colonne **Unités** correspond à une affectation à temp plein.*

- Réalisez ainsi toutes les affectations jugées utiles.
- Lorsque les affectations sont terminées, cliquez sur le bouton **Fermer**.

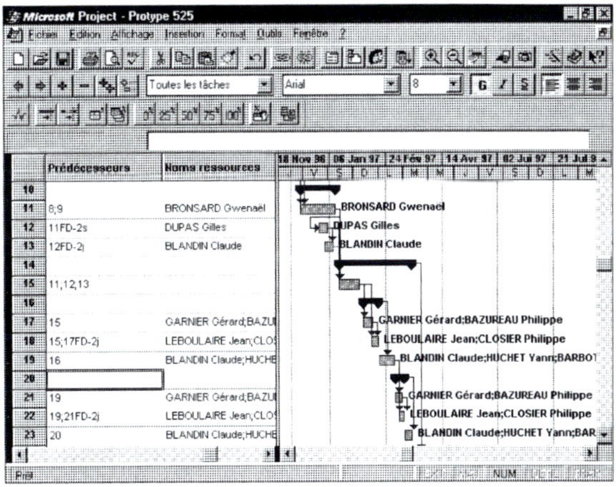

Les noms des ressources affectées s'affichent dans le planning et dans la dernière colonne de la table Entrée.

Affecter plusieurs unités/ temps partiel

Plusieurs unités d'une même ressource

- ♦ Sélectionnez les tâches concernées.
- ♦ Accédez à la fenêtre d'affectation des ressources.
- ♦ Cliquez dans la cellule **Unités** de la ressource.
- ♦ Saisissez le nombre d'unités à affecter.
- ♦ Validez par [Entrée].

Une ressource à temps partiel

- ♦ Sélectionnez les tâches concernées.
- ♦ Affichez la fenêtre d'affectation des ressources.
- ♦ Cliquez dans la cellule **Unités** de la ressource à affecter à temps partiel.
- ♦ Saisissez une fraction décimale représentant le pourcentage de temps passé sur la tâche.

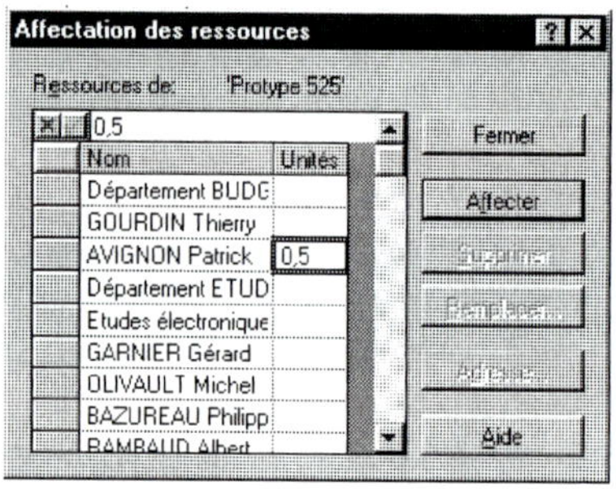

- ♦ Validez.

Affecter une ressource en temps fractionné

- ♦ Travaillez dans la fiche **Prévisions des ressources** de la tâche concernée.
- ♦ Utilisez les champs **Unités**, **Retard** et **N°** des lignes estimées nécessaires pour renseigner le temps fractionné.

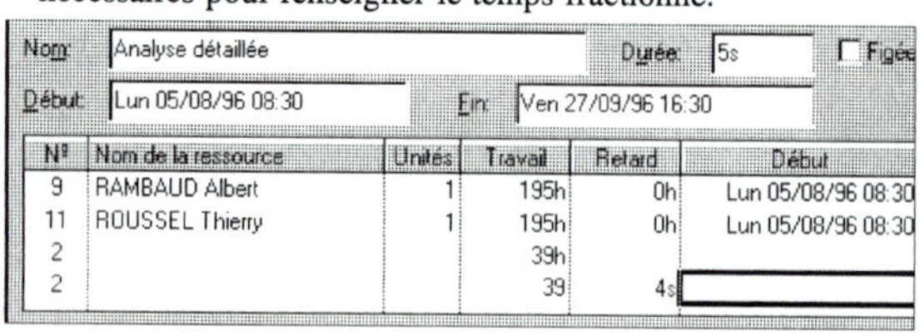

- ♦ Validez par **OK**.

Modifier le nombre d'unités affectées

Comme pour l'ajout de ressources, demandez-vous si cela doit modifier la charge globale de travail.

Avec changement de la durée de la tâche

- Procédez comme lors des affectations initiales de ressources.

Sans changement de la durée de la tâche

- Accédez à la tâche concernée.
- Dans la fenêtre d'affectation, sélectionnez la ressource concernée par le changement d'unités.
- Cliquez sur le bouton **Remplacer**.
- Dans la fenêtre **Remplacer la ressource**, cliquez dans la cellule **Unités** de la ressource concernée.
- Saisissez le bon nombre d'unités.

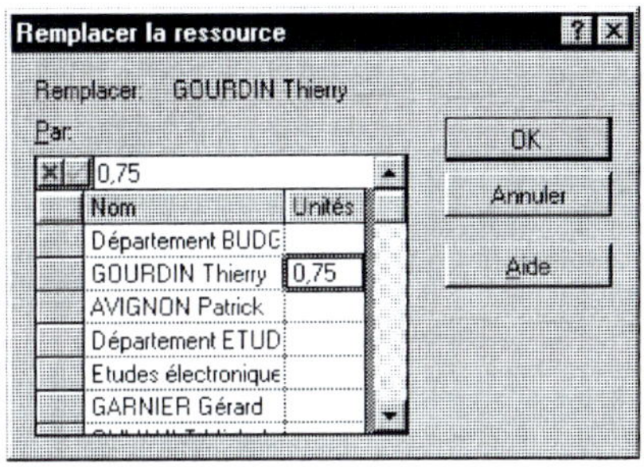

- Validez par [Entrée]
- Confirmez par le bouton **OK**.

Retarder le travail d'une ressource sur une tâche

- Accédez à la fiche **Prévision des ressources** de la tâche concernée.
- Travaillez dans la colonne **Retard** de la ressource concernée.

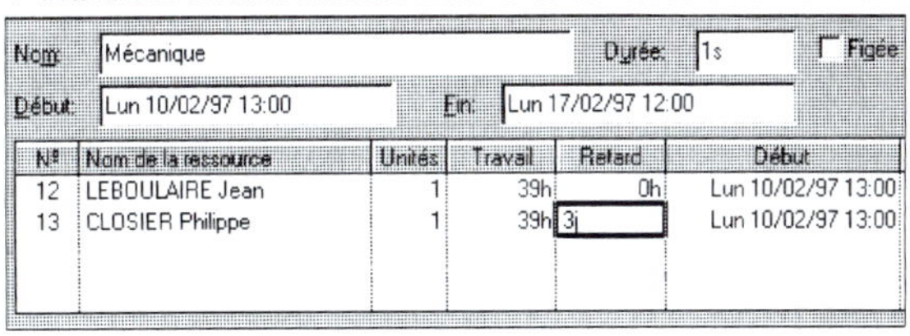

- Validez par le bouton **OK**.

  La durée de la tâche est toujours la même mais la tâche suivante se trouve décalée.

Visualiser les affectations de ressources

Le diagramme de Gantt

- Sauf intervention de votre part, le planning du Gantt affiche le nom des ressources affectées et le nombre d'unités :

– La **Table Entrée** liste ces mêmes informations en dernière colonne.
– La fiche **Travail de la ressource** permet de prendre connaissance des éventuelles heures supplémentaires.
– La fiche **Prévision des ressources** affiche les retards et les affectations en temps fractionné.

L'utilisation des ressources

♦ Activez cet affichage par **Affichage - Utilisation des ressources**.

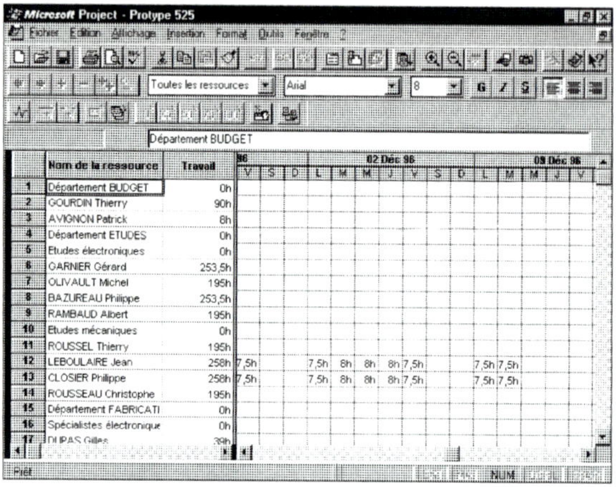

Dans la partie gauche de cet affichage, Project propose la Table Utilisation, table qui affiche le champ ***Travail****.*

Ce champ est le total d'heures passées par la ressource sur le projet ouvert.

A droite est proposé un calendrier qui, par défaut, est journalier. Il liste par ressource les heures travaillées par jour (pour le vérifier, utilisez l'ascenseur horizontal de défilement).

La répartition des ressources

♦ Soyez en affichage du **Tableau des ressources** ou de l'**Utilisation des ressources**.

♦ **Affichage**
Plus d'affichages

♦ Double cliquez sur **Répartition des ressources**.

La fenêtre se fractionne en deux parties. Dans la partie inférieure sont recensées les tâches auxquelles la ressource sélectionnée dans la partie supérieure a été affectée.

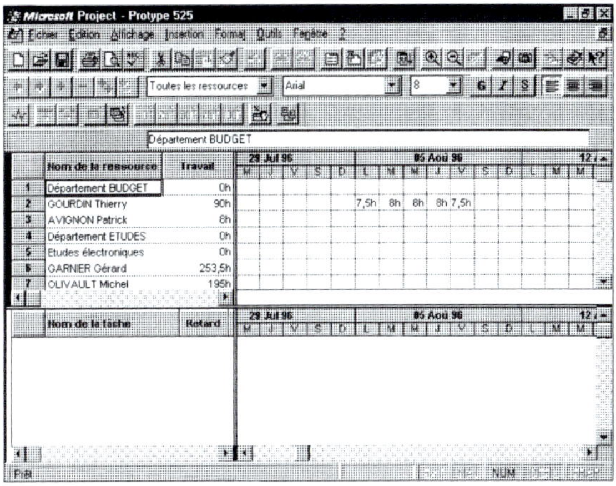

- Dans la partie supérieure de l'écran, cliquez sur la ressource à examiner.
- Pour afficher la barre relative à l'une des tâches de la ressource, cliquez sur la tâche puis utilisez le bouton .
- Quittez cet affichage par **Fenêtre - Supprimer le fractionnement**.

Modifier l'affichage "utilisation des ressources"

Par exemple, si les colonnes de cet affichage ne sont pas assez larges, Project renvoie des dièses au lieu des nombres.

L'échelle de temps

- **Format**
  Echelle de temps

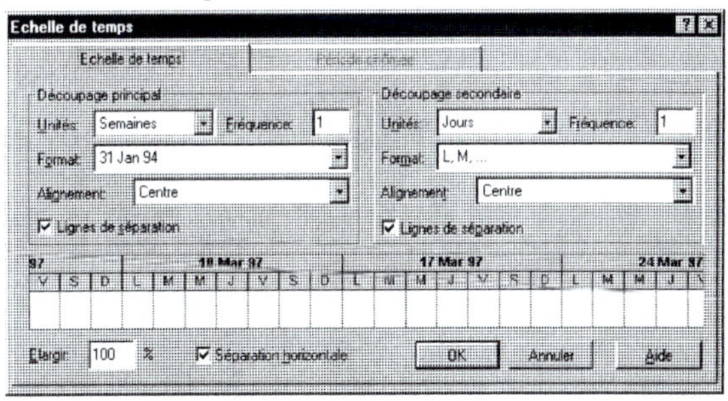

*Contrairement au Diagramme de Gantt, seul l'onglet **Echelle de temps** est accessible.*

- Réalisez les personnalisations attendues.
- Validez par **OK**.

Choisir les informations affichées dans le calendrier

- Cliquez avec le bouton DROIT dans la partie Calendrier de l'affichage **Utilisation des ressources**.

  Project propose différents types de renseignements.

- A ce niveau de l'analyse, choisissez l'une des options suivantes :

Unités de pointe	Affiche le nombre d'unités maximum affectées pour la période de temps.
Travail	Indique la quantité de travail prévue pour la ressource spécifiée.
Travail cumulé	Affiche le travail avec un cumul des heures.
Taux d'utilisation	Affiche sous forme de pourcentage la répartition d'une ressource pour la période de temps.
Disponibilité	Affiche la quantité de travail pouvant encore être affectée pour la ressource.

Afficher la table résumé des ressources

- Activez l'affichage du **Tableau des ressources** ou de l'**Utilisation des ressources**.
- **Affichage**
  Table
  Résumé

  Parmi les différents champs proposés apparaît le champ ***Pointe*** *qui correspond au nombre maximum d'unités affectées de la ressource à un moment donné.*

.... Notes personnelles....................

LISTE DES CHAMPS DE TÂCHES

C = champ Calculé, E = champ d'Entrée

% achevé (C-E)	Indique le % achevé de la durée de la tâche.
% Travail achevé (C-E)	% achevé du travail de la tâche.
CBTE (C)	Coût budgété du travail effectué ou "valeur nominale" du travail exécuté sur la tâche. CBTE = % achevé * Coût planifié. Parfois appelé BAC (Budgeted At Completion).
CBTP (C)	Coût budgété du travail prévu ou "valeur nominale" planifiée pour la tâche.
Champs liés (C)	Indique si Oui ou Non des liaisons de données existent pour la tâche.
Confirmé (C)	Indique si toutes les ressources qui ont reçu le même message AffectationEquipe ont accepté l'affectation de la tâche.
Contact (E)	Adresse de la messagerie électronique de la personne responsable de la tâche.
Coût (C)	Coût total prévu de la tâche ; appelé aussi FAC (Forecast At Completion).
Coût fixe (E)	Contient le coût fixe d'une tâche.
Coût planifié (C-E)	Total des coûts planifiés pour la tâche.
Coût réel (C-E)	Coût total réellement encouru pour la tâche ; aussi appelé CRTE (Coût Réel du Travail Effectué).
Coût restant (C-E)	Total des coûts à encourir pour achever la tâche selon les prévisions en cours.
Coût1, Coût2, Coût3 (E)	Champs d'informations supplémentaires sur les coûts des tâches.
Créée (C)	Date à laquelle la tâche a été ajoutée au projet.
Critique (C)	Indique si la tâche est de type critique ou non critique.
Date contrainte (E)	Date saisie lorsque vous choisissez un type de contrainte.
Début1, ..., Début5 (E)	Champs de stockage des planifications temporaires ou champs à personnaliser.
Début (C-E)	Date de début prévue pour la tâche.
Début avancé le plus tôt le (C)	Identique à la date de début prévue à moins d'un retard.
Début planifié (E)	Date de début planifiée de la tâche.
Début réel (E)	Date et heure auxquelles la tâche à réellement commencé.
Début repoussé au plus tard le (C)	Dernière date à laquelle peut débuter une tâche sans pour autant retarder la fin du projet.
Durée1, ..., Durée 3 (E)	Champs d'informations supplémentaires sur la durée des tâches.
Durée (C-E)	Intervalle de temps prévu pour la tâche.
Durée planifiée (E)	Quantité de temps planifiée pour la tâche.
Durée réelle (C-E)	Durée du travail réellement effectué sur la tâche.
Durée restante (C-E)	Intervalle de temps nécessaire pour terminer la portion inachevée de la tâche.
Fichier de projet externe (E)	Nom de l'autre projet devant être utilisé comme projet externe.
Figée (E)	Indique si la durée de la tâche est figée ou pilotée par les ressources.
Fin (C-E)	Date de fin prévue pour la tâche.

Fin1, ..., Fin3 (E)	Champs de stockage des planifications temporaires ou champs à personnaliser.
Fin avancée au plus tôt le (C)	Identique à la date de fin prévue à moins d'un retard.
Fin planifiée (E)	Date de fin planifiée de la tâche.
Fin réelle (E)	Date et heure auxquelles la tâche a été réellement achevée.
Fin repoussée au plus tard le (C)	Dernière date à laquelle peut s'achever une tâche sans retarder la fin du projet.
Groupe de ressources (C)	Groupes de ressources auxquels appartiennent les ressources affectées.
Index WBS (C-E)	Code de la décomposition structurée du travail.
Indicateur1, ..., Indicateur 10 (E)	Champ à personnaliser de type logique.
Initiales de la ressource (E)	Abréviation représentant la ressource affectée à la tâche.
Jalon (C-E)	Indique si la tâche constitue un jalon ou non.
Marge libre (C)	Retard possible de la tâche sans pour autant retarder d'autres tâches.
Marge totale (C)	Intervalle de temps pendant lequel peut être retardée une tâche sans retarder la fin du projet.
Marquée (E)	Champ logique à personnaliser.
Masquer la barre (E)	Indique si les barres du Gantt pour une tâche sont masquées.
Mise à jour nécessaire (C)	Indique une modification dans une tâche ayant un effet sur les ressources affectées.
N° (C)	Indique la position de la tâche par rapport aux autres tâches.
N° hiérarchique (C)	Numéro de la tâche dans un plan.
N° propre (C)	Numéro que Project attribue à chaque tâche au moment de sa création. Lorsqu'une tâche est supprimée, son numéro propre n'est pas réattribué.
N° propre prédécesseurs (E)	Liste des numéros propres des tâches dont dépend la tâche.
N° propre successeurs (E)	Liste des numéros propre des successeurs de la tâche.
Niveau hiérarchique (C)	Niveau de la tâche dans un plan.
Nom (E)	Nom de la tâche.
Noms ressources (E)	Noms des ressources affectés à la tâche.
Numéro 1, ..., Numéro 5 (E)	Champs numériques à personnaliser.
Objets (C)	Nombre d'objets attachés à une tâche.
Précédesseurs (E)	Liste des tâches dont dépend la tâche.
Priorité (E)	Indique le niveau de priorité pour retarder une tâche au cours d'un audit.
Projet (C)	Nom du projet contenant la tâche.
Récapitulative (C)	Indique s'il s'agit d'une tâche récapitulative.
Rem1, ..., Rem10 (E)	Champs de type Texte à personnaliser.
Remarques (E)	Commentaires se rapportant à la tâche.
Report (E)	Indique si les dates des tâches subordonnées doivent être reportées sur la barre de leur tâche récapitulative.
Reprendre (C)	Date prévue de reprise d'une tâche.

Reprendre au plus tôt le (E)	Date prévue pour la reprise d'une tâche.
Retard (E)	Retard subi par une tâche lors d'un audit.
Stop (C)	Dernière date d'utilisation de la commande **Mettre à jour le projet**.
Successeurs (E)	Liste des tâches dépendant de la tâche.
Travail (C-E)	Quantité totale de travail prévu sur la tâche.
Travail planifié (C-E)	Quantité de travail planifié qui doit être accompli par l'ensemble des ressources affectées à la tâche.
Travail réel (C-E)	Quantité totale du travail réel effectué par les ressources affectées à la tâche.
Travail restant (C-E)	Quantité totale du travail restant à effectuer sur la tâche.
Type de contrainte (E)	Nature de la contrainte de date pesant sur une tâche.
Variation date de début (C)	Début - Début planifié.
Variation date de fin (C)	Fin - Fin planifiée.
Variation de coût (C)	Coût - Coût planifié.
Variation de durée (C)	Durée - Durée planifiée.
Variation de travail (C)	Travail - Travail planifié.
VC (C)	Coût réel - CBTE.
VS (C)	CBTE - CBTP.

LISTE DES CHAMPS DE RESSOURCES

% travail achevé (C)	Pourcentage du travail de la ressource qui est terminé.
Adresse messagerie (E)	Adresse de la messagerie électronique de la ressource.
Affectation (E)	Méthode d'affectation des coûts réels.
Calendrier de base (E)	Calendrier à employer pour la ressource.
Capacité max (E)	Nombre maximum d'unités disponibles pour la ressource.
Champs liés (C)	Indique s'il existe des liaisons de données avec la ressource.
Code (E)	Champ pour entrer un code identifiant.
Coût (C)	Total des coûts prévus pour la ressource en fonction de toutes ses affectations.
Coût par utilisation (E)	Coût d'utilisation fixe pour chaque unité de la ressource.
Coût planifié (C)	Coût total planifié pour l'ensemble des affectations de la ressource.
Coût réel (C)	Somme des coûts encourus pour le travail déjà effectué sur l'ensemble des affectations de la ressource.
Coût restant (C)	Coût total du travail à effectuer par la ressource dans tous les projets ouverts.
En sur-utilisation (C)	Indique si la ressource est sur-utilisée ou non.
Groupe (E)	Nom du groupe auquel appartient la ressource.
Heures sup. (C)	Montant total des heures supplémentaires facturées.
Initiales (E)	Initiales de la ressource.
N° (C)	Numéro indiquant la position de la ressource par rapport aux autres ressources.
N° propre (C)	Numéro attribué à la ressource lors de sa création, numéro toujours conservé.
Nom (E)	Nom de la ressource.
Objets (C)	Nombre d'objets attachés à la ressource.

Pointe (C)	Nombre maximum d'unités de la ressource affectés à un moment quelconque aux tâches des projets ouverts.
Rem1, ..., Rem5 (E)	Champs de type Texte à personnaliser.
Remarques (E)	Remarques se rapportant à la ressource.
Taux heures sup. (E)	Tarif de l'heure supplémentaire pour la ressource.
Taux standard (E)	Tarif horaire de la ressource.
Travail (C)	Charge totale du travail de la ressource dans tous les projets ouverts.
Travail planifié (C)	Charge totale du travail planifié pour la ressource dans tous les projets ouverts.
Travail réel (C)	Quantité totale du travail déjà effectué par la ressource dans tous les projets ouverts.
Travail restant (C)	Charge totale du travail restant à effectuer par cette ressources dans tous les projets ouverts.
Variation de coût (C)	Coût - Coût planifié.
Variation de travail (C)	Travail - Travail planifié.

LISTE DES CHAMPS D'AFFECTATION DE RESSOURCE

Confirmé (C)	Indique la réponse d'une ressource à un message AffectationEquipe.
Coût (C-E)	Coût prévu pour l'affectation de cette ressource.
Coût planifié (E)	Coûts planifiés du travail devant être effectué par cette ressource pour cette tâche.
Coût réel (C-E)	Coûts encourus pour le travail effectué par cette ressource pour la tâche.
Coût restant (C-E)	Coût qui sera encouru lorsque le travail restant à effectuer par cette ressource pour cette tâche sera achevé.
Début (C)	Date à laquelle il est prévu que la ressource commencera son travail sur cette tâche.
Fin (C)	Date à laquelle il est prévu que la ressource achèvera son travail sur cette tâche.
Heures sup. (E)	Nombre d'heures supplémentaires faites par la ressource sur cette tâche.
N° (C-E)	Numéro de la ressource affectée à la tâche en cours.
Nom de la ressource (C-E)	Nom de la ressource affectée à la tâche en cours.
Nom de la tâche (C)	Nom de la tâche à laquelle est affectée la ressource.
Projet (C)	Nom du projet qui contient la tâche à laquelle est affectée la ressource.
Retard (E)	Délai que doit observer la ressource avant de commencer son travail sur une tâche.
Travail (C-E)	Charge de travail qu'il est prévu que cette ressource effectuera sur cette tâche.
Travail planifié (E)	Charge du travail planifié devant être effectué par cette ressource pour cette tâche.
Travail réel (C-E)	Quantité du travail déjà réalisé par cette ressource pour cette tâche.
Travail restant (C-E)	Charge de travail restant à effectuer par cette ressource pour cette tâche.
Unités (E)	Nombre d'unités de cette ressource affectés à cette tâche.

	Menu Fichier
Ctrl N	Nouveau
Ctrl O	Ouvrir
Ctrl P	Imprimer
Ctrl S	Enregistrer
F12	Enregistrer sous
	Menu Edition
Ctrl Suppr	Effacer contenu
Ctrl C	Copier
Ctrl X	Couper
Ctrl V	Coller
Suppr	Supprimer
Ctrl D	Recopier vers le bas
Ctrl F	Rechercher
Shift F4	Rechercher suivant
Ctrl Shift F4	Rechercher précédent
F5	Atteindre
Ctrl F2	Lier les tâches
Ctrl Shift F2	Supprimer lier les tâches
Ctrl Z	Annuler
	Menu Insertion
Inser	Insérer
Shift F2	Informations sur la ressource/ sur la tâche
Alt F8	Affectation des ressources
	Menu Fenêtre
Shift F11	Nouvelle fenêtre
	Touches du mode Plan
Alt Shift →	Abaisser
Alt Shift ←	Hausser
Alt Shift -	Masquer les tâches subordonnées
Alt Shift =	Afficher les tâches subordonnées
Alt Shift *	Afficher toutes les tâches

	Pour activer :
Alt Espace	le menu Système de l'application
⇧ Shift F1	l'aide contextuelle
F2	la barre d'entrée
F10	la barre des menus
Ctrl F6	la fenêtre suivante
F6	le volet suivant
Ctrl ⇧ Shift F6	la fenêtre précédente
Alt -	le menu Système du projet
	Pour appliquer à nouveau :
Ctrl F3	le même filtre
Ctrl ⇧ Shift F3	le même ordre de tri
	Pour calculer :
⇧ Shift F9	le projet actif
F9	tous les projets ouverts
	Pour fermer :
Alt F4	l'application
Ctrl F4	le projet
	Pour afficher :
F3	toutes les tâches/ressources
Alt F3	la boîte Définition de la colonne
	Pour manipuler la fenêtre du projet :
Ctrl F10	l'agrandir
Ctrl F7	la déplacer
	Pour rétablir :
⇧ Shift F3	le tri selon un ordre numérique
Ctrl F5	la fenêtre du projet
	Touches de l'échelle de temps
Ctrl /	Affichage d'une unité de temps plus petite
Ctrl * (du pavé numérique)	Affichage d'une unité de temps plus grande
	Touches diverses
Alt F5	Atteindre la sur-utilisation suivante
F7	Vérifier l'orthographe
F1	Ouvrir l'aide
Ctrl F9	Activer/désactiver le calcul automatique

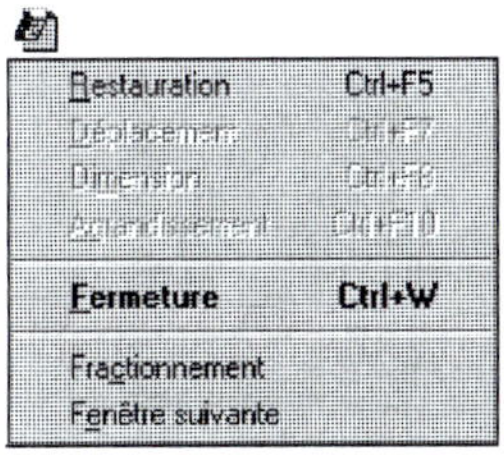
Restauration Ctrl+F5
Déplacement Ctrl+F7
Dimension Ctrl+F8
Agrandissement Ctrl+F10
Fermeture Ctrl+W
Fractionnement
Fenêtre suivante

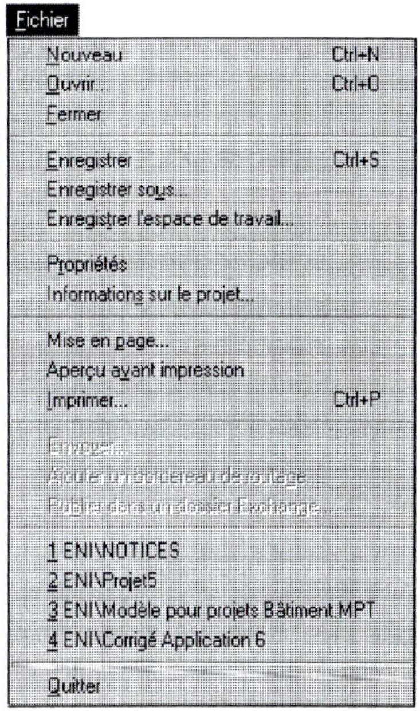
Fichier
Nouveau Ctrl+N
Ouvrir... Ctrl+O
Fermer
Enregistrer Ctrl+S
Enregistrer sous...
Enregistrer l'espace de travail...
Propriétés
Informations sur le projet...
Mise en page...
Aperçu avant impression
Imprimer... Ctrl+P
Envoyer...
Ajouter un bordereau de routage...
Publier dans un dossier Exchange...
1 ENI\NOTICES
2 ENI\Projet5
3 ENI\Modèle pour projets Bâtiment.MPT
4 ENI\Corrigé Application 6
Quitter

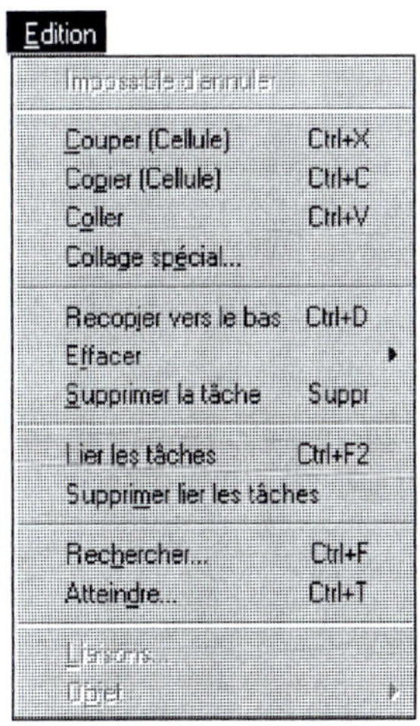
Edition
Impossible d'annuler
Couper (Cellule) Ctrl+X
Copier (Cellule) Ctrl+C
Coller Ctrl+V
Collage spécial...
Recopier vers le bas Ctrl+D
Effacer
Supprimer la tâche Suppr
Lier les tâches Ctrl+F2
Supprimer lier les tâches
Rechercher... Ctrl+F
Atteindre... Ctrl+T
Liaisons...
Objet

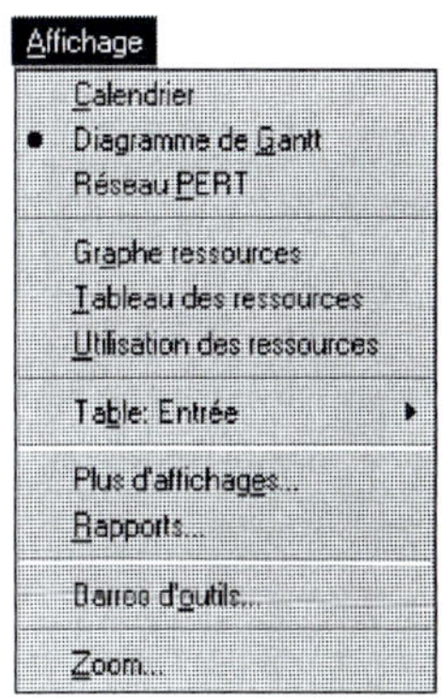
Affichage
Calendrier
Diagramme de Gantt
Réseau PERT
Graphe ressources
Tableau des ressources
Utilisation des ressources
Table: Entrée
Plus d'affichages...
Rapports...
Barres d'outils...
Zoom...

Insertion

- Insérer une tâche — Ins
- Insérer une tâche répétitive...
- Insérer une colonne...
- Informations sur la tâche... — Maj+F2
- Remarques sur la tâche...
- Affectation des ressources... — Alt+F8
- Définir le saut de page
- Dessin
- Objet...

Format

- Police...
- Barre...
- Echelle de temps...
- Quadrillage...
- Assistant Diagramme de Gantt...
- Styles du texte...
- Styles des barres...
- Détails
- Disposition...
- Réorganiser maintenant
- Dessin

Outils

- Orthographe... — F7
- Mode Plan ▸
- Correction automatique...
- Filtré pour: Toutes les tâches ▸
- Trier ▸
- Modifier le temps de travail...
- Audit des ressources...
- Suivi ▸
- Projets multiples ▸
- Groupe de travail ▸
- Macros...
- Enregistrer une macro...
- Personnaliser ▸
- Options...

Fenêtre

- Nouvelle fenêtre...
- Réorganiser
- Masquer
- Afficher...
- Fractionner
- 1 Corrigé Application 6
- 2 Projet1
- • 3 Projet5

?

- Rubriques d'aide de Microsoft Project
- Aide intuitive
- Microsoft Network
- Présentation rapide
- Conseil du jour
- A propos de Microsoft Project